KB270124

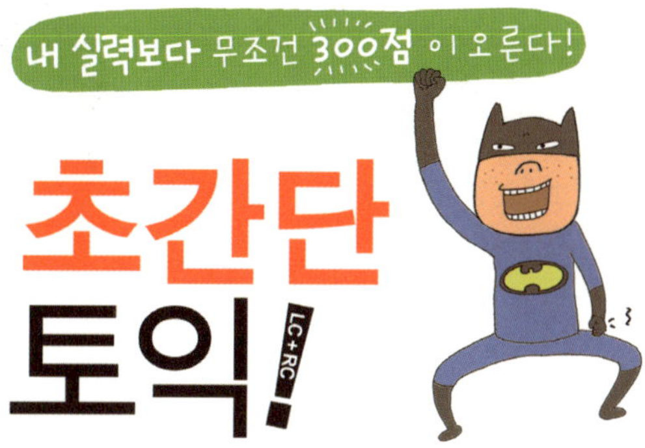

초간단 토익!
LC + RC

초간단 토익!

**토익 시작 전에 꼭 봐야 할
초단기 점수상승의 스킬 비법서
초간단 토익!**

우선 딱 한번만 이 책을 읽고,
토익공부 시작하세요.

그럼 토익 생초보자들도
단기간에
토익점수가
급상승할 겁니다.

YBM 토익강사
전문우

이 책의 구성과 활용

<Part 1>

핵심 스킬 & 포인트

<Part 1>은 사진을 보고 사진에 대해 가장 잘 묘사한 문장을 듣고 고르는 문제로 구성되어 있다. <Part 1>문제를 바라보는 관점을 바꾸고 보다 쉽게 문제에 접근하는 스킬을 통해서 좀 더 빠르고 효율적으로 점수를 올릴 수 있다.

연습문제

앞에서 배운 스킬을 활용하여 실제문제에 적용해봄으로써 토익 <Part 1> 시험에 대비할 수 있다.

<Part 2>

핵심 스킬 & 포인트

<Part 2>는 영어로 된 질문을 듣고 가장 적절한 응답을 3개의 보기 중에 고르는 문제로 구성되어 있다. <Part 2>문제를 바라보는 관점을 바꾸고 보다 쉽게 문제에 접근하는 스킬을 통해서 좀 더 빠르고 효율적으로 점수를 올릴 수 있다.

연습문제

앞에서 배운 스킬을 활용하여 실제문제에 적용해봄으로써 토익 <Part 2> 시험에 대비할 수 있다.

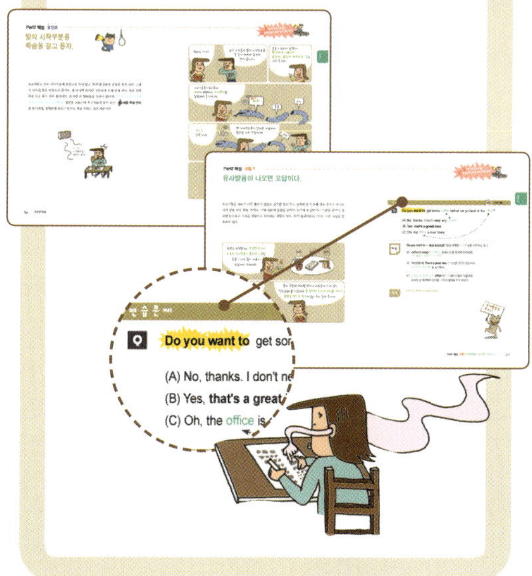

〈Part 3〉

핵심 스킬 & 포인트

〈Part 3〉은 두 사람이 두 번씩 주고받는 짧은 대화를 듣고 질문에 대한 정답을 4개의 보기 중에서 고르는 문제로 구성되어 있다. 〈Part 3〉문제의 패턴과 유형, 정답의 단서 등을 파악하고 보다 쉽게 문제에 접근하는 스킬을 통해서 좀 더 빠르고 효율적으로 점수를 올릴 수 있다.

연습문제 & 실전문제

앞에서 배운 스킬을 활용하여 실제문제에 적용해봄으로써 토익 〈Part 3〉시험에 대비할 수 있다.

〈Part 4〉

핵심 스킬 & 포인트

〈Part 4〉는 설명문 또는 이야기로 된 지문을 듣고 질문에 대한 정답을 4개의 보기 중에서 고르는 문제로 구성되어 있다. 〈Part 4〉문제에 대한 전략적 접근과 정답을 빠르게 고를 수 있는 스킬을 통해서 좀 더 빠르고 효율적으로 점수를 올릴 수 있다.

연습문제 & 실전문제

앞에서 배운 스킬을 활용하여 실제문제에 적용해봄으로써 토익 〈Part 4〉시험에 대비할 수 있다.

Reading Comprehension

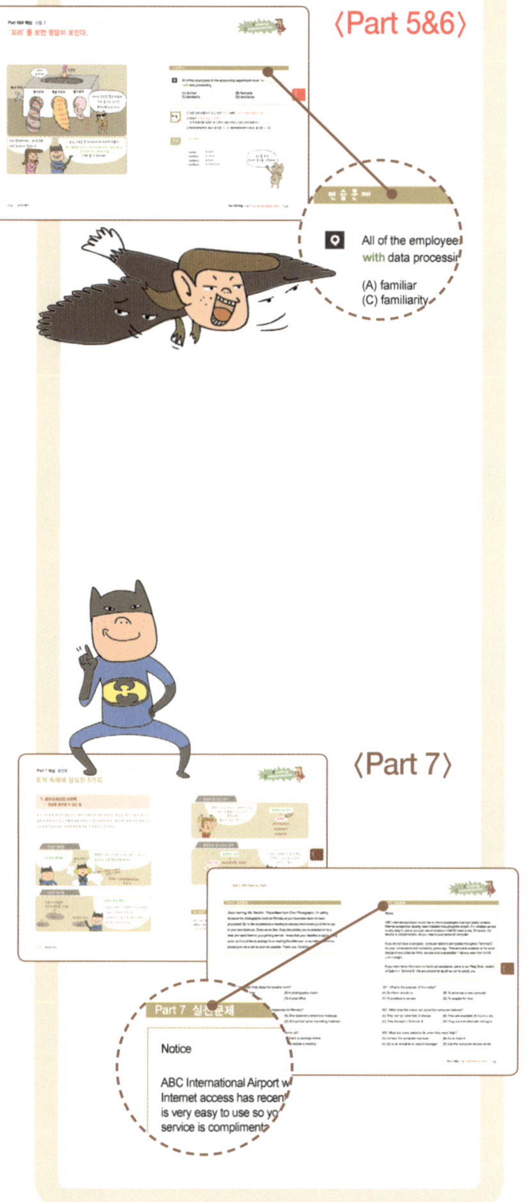

〈Part 5&6〉

핵심 스킬 & 포인트

〈Part 5&6〉은 빈칸이 있는 단문이나 장문을 읽고 4개의 보기 중에서 가장 적당한 것으로 골라 완성시키는 문제로 구성되어 있다. 문제에 대한 전략적 접근과 정답의 단서를 빨리 찾아내는 능력과 스킬을 통해서 좀 더 빠르고 효율적으로 점수를 올릴 수 있다.

연습문제

앞에서 배운 스킬을 활용하여 실제문제에 적용해봄으로써 토익 〈Part 5&6〉 시험에 대비할 수 있다.

〈Part 7〉

핵심 스킬 & 포인트

〈Part 7〉은 지문을 읽고 질문에 답하는 독해 문제로 구성되어 있다. 문제의 패턴과 유형, 정답의 단서 등을 파악하고 보다 쉽게 문제에 접근하는 스킬을 통해서 좀 더 빠르고 효율적으로 점수를 올릴 수 있다.

연습문제 & 실전문제

앞에서 배운 스킬을 활용하여 실제문제에 적용해봄으로써 토익 〈Part 7〉 시험에 대비할 수 있다.

부록 MP3 CD 겸 오디오 CD

토익 LC 파트 〈연습문제&실전문제〉를 실제 토익시험처럼 녹음했다. CD를 들으면서 앞에서 배운 스킬을 활용하여 실전문제를 푸는 것처럼 연습하도록 하자!

차례

머리말 ·· 004

이 책의 구성과 활용 ·························· 005

Part 1

핵심 **포인트**	토익 파트 1은 이미지를 떠올리는 놀이다! ··········	**016**
핵심 **스킬 1**	문장구조 6개를 익혀라! ·················	**019**
핵심 **스킬 2**	'being' 에 주목하라! ·················	**022**
핵심 **스킬 3**	핵심스킬 3가지 ·················	**024**
핵심 **스킬 4**	오답을 제거하면, 정답이 보인다. ·················	**026**
핵심 **스킬 5**	문제유형 2가지 ·················	**028**
	1. 사진에 '사람'이 나오면 '동사'를 잘 듣자.	030
	2. 사진에 '사물'이 나오면 '명사'와 '전치사'를 잘 듣자.	032
핵심 **스킬 6**	주변의 '부수적인 특징' 도 꼼꼼하게 살펴보자. ····	**034**

Part 2

핵심 **포인트**	말의 시작부분을 목숨을 걸고 듣자. ··············	**038**
핵심 **스킬 1**	유사발음이 나오면 오답이다. ·················	**040**
핵심 **스킬 2**	의문사 의문문은 'Yes/No' 로 대답할 수 없다. ······	**042**
핵심 **스킬 3**	유사발음이 나와도 정답이 되는 선택의문문 ········	**044**

핵심 **스킬 4** — 나왔다 하면 정답이 되는 회피성 답변 — **046**

핵심 **스킬 5** — 요청문과 제안문 — **048**
　　요청이나 제안하는 덩어리표현 — 048
　　승낙과 거절하는 표현 — 050

핵심 **스킬 6** — 의문사 패턴정답 — **054**

Part 3

핵심 **포인트** — 대화의 흐름과 질문의 유형은 정해져 있다. — **060**

핵심 **스킬 1** — 전반부에 답이 위치하는 문제 (일반적인 문제) — **062**
　　1. 남녀를 구별하는 문제 — 064
　　2. 정체나 직업을 물어보는 문제 — 066
　　3. 장소나 업종을 물어보는 문제 — 068
　　4. 주제나 목적을 물어보는 문제 — 070
　　5. 문제점이나 걱정을 물어보는 문제 — 072

핵심 **스킬 2** — 중반부에 답이 위치하는 문제 (세부적인 문제) — **074**
　　6. 이름과 숫자가 키워드인 문제 — 076
　　7. 시간이나 장소가 키워드인 문제 — 078
　　8. 이유를 물어보는 문제 — 080

핵심 **스킬 3** — 후반부에 답이 위치하는 문제 (다음 행동 문제) — **082**
　　9. 요청이나 제안을 하는 문제 — 083
　　10. 다음 일정을 물어보는 문제 — 086

Part3 **실전문제** — **088**

Part 4

핵심 포인트   토익 LC에서, 요령과 스킬이 중요한 이유 -------- **092**

핵심 스킬 1   보기 (A) (B) (C) (D)를 보고 있다가,
귀에 들리는 대로 그대로 찍는 '**귀에 번쩍**' 스킬 -------- **094**
 '눈'과 '손'과 '귀'가 삼위일체가 되어야한다!   095
 첫 번째 문제는 순발력 테스트이다.   096
 첫 문제에 'most likely'나 'probably'가 보인다면?   098

핵심 스킬2   첫 번째 문제 정답을 빠르게 고른 후에,
두 번째 문제 정답의 단서가 바로 등장하는 '**따닥이**' 스킬 -------- **100**
 문제 풀 때의 자세-초간단 토익 자세법   102

핵심 스킬 3   이름과 숫자가 나오면
그 언저리 부분을 콕! 찍어서 들어야하는 '**독수리**' 스킬 -------- **104**
 함정에 속지 말고, 노려서 들어라!   106

핵심 스킬 4   지문의 단어를 그대로 사용하기 보다는,
동의어나 다른 말로 바꿔 표현하는 '**변신**' 스킬 -------- **108**
 변신은 아름다워.   110

핵심 스킬 5   마지막 부분 상황만 잘 파악하면,
의외로 쉽게 정답을 고를 수 있는 '**어부지리**' 스킬 -------- **112**
 모르면 빨리 찍고, 다음 문제를 대비해라.   113

핵심 스킬 6   듣기스킬 총정리 '**콕콕콕**' 찍어서 듣자! -------- **116**
 절대로 눈감고 듣자마라!   116
 문제풀이 3단계 – 전략적으로 접근하자!   117
 시선처리만 잘 해도, 점수가 급상승한다!   118

Part4 실전문제 -------- **120**

Part 5 & 6

핵심 **포인트**	토익 문제, 전략적으로 접근하자!	124
핵심 스킬 1	단어의 꼬리를 보면 정답이 보인다.	128
핵심 스킬 2	be동사 다음은 '형용사'	130
핵심 스킬 3	명사 바로 앞의 빈칸은 '형용사'	132
핵심 스킬 4	동사 사이에는 '부사' 가 온다.	134
핵심 스킬 5	Please와 조동사 다음의 빈칸은, '동사원형' 이 정답	136
핵심 스킬 6	주의해서 알아야 할 '수량 형용사'	138
핵심 스킬 7	인칭대명사, 앞뒤에 따라 '격' 이 달라진다.	140
핵심 스킬 8	관계대명사, 빈칸 앞뒤를 살펴라!	142
핵심 스킬 9	the가 나오면 '최상급' 이 정답	144
핵심 스킬 10	than이 나오면 '비교급' 이 정답	146
핵심 스킬 11	빈칸 다음에 주어와 동사가 나오면 그건 바로 '접속사' 자리	148
핵심 스킬 12	상관 접속사, 단서를 빨리 찾아내라!	150
핵심 스킬 13	'명사+s' 는 복수 vs '동사+s' 는 단수!	152
핵심 스킬 14	시제공식 1 - 과거 · 현재 · 미래시제	154
핵심 스킬 15	시제공식 2 - 완료시제 3공식	156
핵심 스킬 16	work, increase, decrease 다음은 '부사'	158
핵심 스킬 17	make, keep, find + 목적어 다음은 '형용사'	160

핵심 스킬 18	allow, ask, enable + 목적어 다음은 'to + 동사원형'	**162**
핵심 스킬 19	help, let + 목적어 다음은 '동사원형'	**164**
핵심 스킬 20	to 다음에 빈칸이 있으면 '동사원형 or 동명사'	**166**
핵심 스킬 21	반드시 알아야 할 중요한 '필수 형용사'	**168**
핵심 스킬 22	요구 · 제안 · 명령 동사 다음은 '동사원형'	**170**
핵심 스킬 23	전치사 + '동명사' + 명사	**172**
핵심 스킬 24	Who 앞의 빈칸은 'Those' 가 정답	**174**

Part 7

핵심 포인트

토익 독해에 필요한 5가지 ⸺⸺⸺⸺⸺ **178**

    1. 패러프레이징 어휘력 – 정답을 찾아낼 수 있는 힘   178

    2. 문장구조 분석력과 검색능력   180

    3. 첫 문장을 통한 스토리 예측력   182

    4. 문제유형 파악력과 대처능력   183

    5. 시간 조절력   184

핵심 스킬 1

핵심문제유형 삼총사 ⸺⸺⸺⸺⸺ **185**

    1. 주제, 목적 문제   185

    2. 세부사항 문제   188

    3. 요청, 제안 문제   190

핵심 스킬 2

토익 Part4 vs. Part7 ⸺⸺⸺⸺⸺ **193**

    Part4와 Part7 비교분석   193

    [첫 번째 문제유형] – 일반적인 문제 – 화자, 청자 / 주제, 목적 / 업종, 장소   196

    [두 번째 문제유형] – 구체적인 문제 – 핵심키워드 : 이름, 숫자, 시간, 장소   198

    [세 번째 문제유형] – 다음 행동 문제 – 요구제안, 다음일정 문제   200

핵심 스킬 3

이 문제를 맞혀야 진정한 토익 독해 고수 ⸺⸺⸺⸺⸺ **202**

    1. 유추 문제   202

    2. 사실 확인 문제   206

    3. NOT 문제   207

Part7 실전문제 ⸺⸺⸺⸺⸺ **208**

Part7 실전문제 해설 ⸺⸺⸺⸺⸺ **210**

Part 1 사진묘사 (10문제)

★ 문제지에 제시된 사진을 보고 방송에서 들려주는 4개의 설명문 중에서 사진을
   가장 잘 묘사한 문장을 고르는 문제로 구성된다.

★ 4개의 설명문은 문제지에 인쇄되어 있지 않다.

Part 1 핵심 스킬 & 포인트

토익 파트 1은 이미지를 떠올리는 놀이다!

토익의 맨 처음의 파트가 왜 사진 문제가 나오는 걸까?
그건 바로 '소리'를 듣고 이미지나 상황을
머릿속에 떠올리는 것이 외국어를 공부할 때
가장 중요하다는 것을 의미해.

영어의 기본은 소리를 듣고 이미지를 떠올리는 것에서
시작돼. 단순히 한국말로 번역하는 것이 아니라,
소리가 들리는 데로 차례차례 이미지를 머릿속에
떠올리는 연습을 하자.

① **A vendor**　　② **is offering**　　③ **some items**　　④ **to**　　⑤ **a customer.**

상인이　　　　　제공하고 있다　　몇몇 물건들을　　에게　　고객

 우리 눈에 보이는 사람이나 사물 **명사**

① A vendor

상인

③ some items

몇몇 물건들

⑤ a customer.

고객

 가장 기본이 되는 동작이나 상태 **동사**

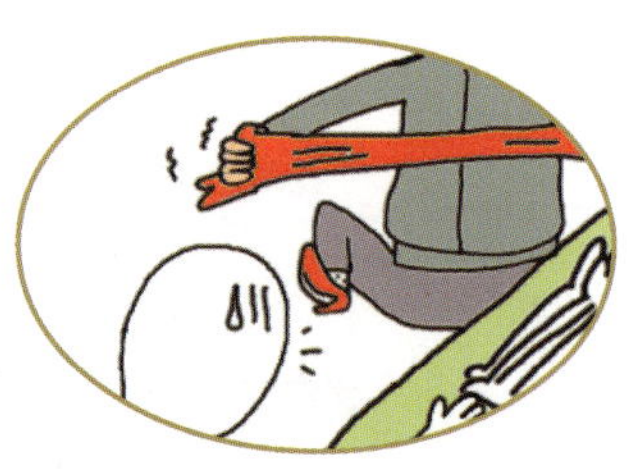

② is offering
제공하고 있다

 위치나 방향을 나타내는 장소 **전치사**

④ to
에게

토익 Part1은 추상적인 내용은 나오지 않고, 우리의 눈에 보이는 구체적인 상황만 나온다. 또한 전치사도 구체적인 의미에서 추상적인 의미로 확장되어 가는데, **토익 Part**1은 구체적인 의미만 출제되고, 특히 위치나 방향을 나타내는 전치사만 익혀두면 된다.

문장구조 6개를 익혀라!

다음 페이지 그림은 블라인드를 열고 있는 한 남자의 동작을 시간 차이를 두고 연속해서 3개의 컷으로 그린 그림이다. 그림 3개를 통해서 토익 Part1에 나오는 핵심 문장구조 6개를 알아보도록 하자.

★ 파트1 문장구조 6개 핵심정리

② The blind is being opened.
→ 블라인드가, 열리고 있다.

① A man is opening the blind.
→ 한 남자가, 열고 있다, 블라인드를.

③ There is a man opening the blind.
→ 한 남자가 있다, 블라인드를 열고 있는.

④ There is a cup on the table.
→ 컵이 있다, 테이블 위에.

Listening
Comprehension

⑥ The blind has been opened.
→ 블라인드가, 열려 있다.
⑤ A man has opened the blind.
→ 한 남자가, 열었다, 블라인드를.

'being' 에 주목하라!

② The tree is being cut down.
나무가, 현재 잘리고 있는 중이다.
① A man is cutting down the tree.
한 남자가, 자르고 있는 중이다, 나무를.

똑같은 사진인데 주어가 사람이냐,
사물이냐에 따라 문장이 2가지가
되다니, 놀랍군!

그렇지. 사진을 보고 초보자들은 '한 남자'를 주어로
시작하는 ①번 표현을 예상하고 있었을 거야. 하지만
'나무'를 주어로 시작하는 ②번 문장이 나와서 당황스럽지?

앞 페이지의 총 6개 문장구조에서
②번의 문장구조가 가장 어려워~

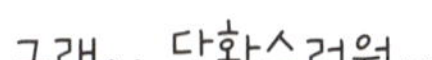

그래.. 당황스러워..

②번 같이 문장에 'being'이 들리면
초보자들은 순간 당황하게 돼.

뚝같은 사진일 지라도
주어를 뭐로 시작 하냐에 따라서
두 가지 문장이 될 수 있겠구나.

being이 들어간 문장이 정답이 되려면
행위의 주체가 되는 사람이 사진에
반드시 나와야 한다는 점에 유의해.

따라서 옆의 사진처럼
사진에 사람이 없을 때, being이 들리면 오답이다라는
공식을 반드시 기억해. 토익 Part1 에서 가장 중요한 스킬
이고, 삭제스킬을 사용할 때 큰 도움이 될 거야.

핵심스킬 3가지

★ 핵심스킬 3가지
① 왜 사진에 사람이 없을때 being이 들리면 오답이지?
그건 being 은 움직이는 주체가 사람이기 때문이야.
② 사진에 없는 명사가 들리면, 오답이야.
좀.. 당연한 듯... 사진에 없는게 나오면 이상하자나.
③ 사진에 사물이 있을 때, 사물의 위치에 주의해.
미리 미리 사물의 위치를 확인해야 겠네..

연습문제 TRACK 01

(A)　　　(B)　　　(C)　　　(D)

해법

(A)　Items are being displayed.
→ 사진에 사람이 없는데 'being' 이 들렸기 때문에 오답이다.

(B)　A man is moving chairs out of the room.
→ 사진에 없는 명사 'chairs' 가 들렸기 때문에 오답이다.

(C)　A cushion is laid on a table.
→ 쿠션은 '침대 위 (on the bed)' 에 있기 때문에 오답이다.

(D)　**A room is full of furniture.**
→ 방에 가구들로 가득 찬 상태를 잘 묘사했기 때문에 정답이다.

정답　(D)

오답을 제거하면, 정답이 보인다.

연습문제  TRACK 02

(A)   (B)   (C)   (D)

(A) **An island has a few buildings on it.** 
→ 섬 안에 '건물들(buildings)' 이 있기 때문에 정답인 것 같다.
하지만 이미지가 잘 떠오르지 않았거나 정확하지 않으면
물음표를 치고 넘어간다.

(B) A ship is sailing toward an island. 
→ 사진에 '배(ship)' 가 보이지 않기 때문에 오답이다.

(C) Some structures are being erected on an island. 
→ '구조물(structure)' 이나 '똑바로 세워진(erected)' 라는
단어를 모를 수도 있다. 하지만 사진에 사람이 없는데
being이 들렸기 때문에 오답이다.

(D) An island is connected to land by a bridge. 
→ 사진에 없는 명사 '다리(bridge)' 가 들렸기 때문에 오답이다.

정답 (A)

Part1 핵심 스킬 4 오답을 제거하면, 정답이 보인다.   27

문제유형 2가지

Part 1은 크게 두 가지 유형으로 나눌 수 있다. 그 기준은 사진에 '사람' 이 있는지 없는지가 관건이다. 따라서 문제를 분석할 때 맨 먼저 사진에 '사람' 이 있는지, '사물' 이 있는지부터 파악하자.

문제유형 2가지

주의할 점은, 사진에 사람이 나온 경우도 주위의 사물이나 배경을 묘사한 보기가 정답이 될 수 있기 때문에 꼼꼼히 주의 깊게 살펴볼 필요가 있다. 특히 사물이 중심으로 나온 문제는 어디서 정답으로 나올지 모르기 때문에 더 신경을 써서 사진을 구석구석 살펴봐야 한다.

1. 사진에 '사람' 이 나오면 '동사' 를 잘 듣자.

연 습 문 제

(A)   (B)   (C)   (D)

(A) Some people are planting trees in a garden.
→ 사진에 나무가 보이긴 하지만, 심고 있는(planting) 동작은 아니기 때문에 오답이다.

(B) **A woman is squatting while holding a camera.**
→ '쪼그리고 앉다' 를 의미하는 'squat' 를 아마 몰랐을 것이다.
이때 모르면 물음표를 치고 그냥 넘어간다.

(C) A lawn is being mowed in a garden.
→ 잔디(lawn)가 잘리고 있는(being mowed) 상황은 아니기 때문에 오답이다.

(D) Some people are strolling along the path.
→ 사람들이 길(path)을 따라 여유롭게 걷고 있는 (strolling) 동작도
아니기 때문에 오답이다.

정 답   (B)

'쪼그리고 앉다' 동사 'squat' 는 모를지라도 plant, mow, stroll과 같은 동사를 잘 들어내야 한다. Part1 중의 한 두 문제는 굉장히 어렵게 나오기 때문에 정답을 듣고 맞추기 보다는 **오 답을 소거하는 삭제스킬을 사용하는 것이 정답의 확률**을 높일 수 있다.

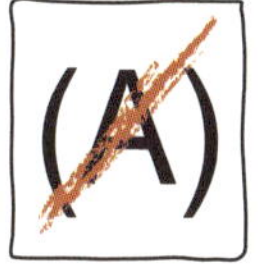

확실한 오답

정답 후보

모르면 물음표

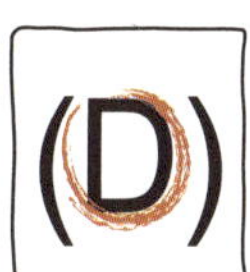

끝까지 듣고,
정답 표시

2. 사진에 '사물'이 나오면 '명사'와 '전치사'를 잘 듣자.

연습문제　　　　　　　　　　　　　　　　　　TRACK **04**

(A)　　　　(B)　　　　(C)　　　　(D)

해법

　A desk is placed on the rug. (책상이, 놓여 있다, 깔개위에)
→ 책상이 아니라 의자가 깔개위에 있기 때문에 오답이다.

　A chair has been propped up against a desk. (의자가, 기대어져 있다, 책상에)
→ 의자가 책상위에 기대어져 있는 상태가 아니기 때문에 오답이다.

　**A pair of scissors is resting in a container.** (가위가, 놓여 있다, 연필통에)
→ 가위가 연필통에 들어있는 상태를 잘 묘사했기 때문에 정답이다.

　A laptop has been turned on. (노트북 컴퓨터가 켜져 있다.)
→ 노트북은 꺼져 있기 때문에 오답이다.

정답　(C)

'사람'이 나오는 사진보다는 '사물'이
나오는 사진이 더 어려운 경향이 있어.
왜?

사람이 아닌 사물이 나오는 경우
주변 배경을 자세히
봐 둬야 하거든.

따라서 사진에 등장한 사물의 명칭을
정확하게 알고 있어야하고,
사물의 위치를 주의 깊게 살펴봐야 해.
특히 후반부의 문제는
토익 고수들도 해석이 잘 되지 않는
어렵고 생소한 단어가
등장하기도 해.

후반부 어디
말하는 거야?
주로 9번과 10번 문제가 매우
어렵기 때문에 특히 주의해.

주변의 '부수적인 특징' 도 꼼꼼하게 살펴보자.

연습문제 TRACK **05**

(A)   (B)   (C)   (D)

 해법

(A) A woman is typing on a keyboard.
→ 한 여자가, 타이핑하고 있다, 키보드를.

(B) **Papers have been posted on a bulletin board.**
→ 문서들이, 공지되어 있다, 게시판에.

(C) A woman is putting pens into a container.
→ 한 여자가, 펜을 넣고 있다, 연필통에.

(D) A computer monitor is placed against the wall.
→ 컴퓨터 모니터가, 놓여있다, 벽 쪽으로 기대어.

 정답 (B)

위의 문제는 한 여자가 컴퓨터 앞에 서서 마우스를 사용하고 있는 상황이 정답이 될 것 같았다. 하지만 여자 뒤의 게시판에 공지사항이 붙어있는 부수적인 특징 (B)가 정답으로 나왔다. Part1의 한 두 문제는 이렇게 주변의 부수적인 특징이 정답으로 출제되기 때문에 사진을 꼼꼼하게 보는 습관을 기르자.

Part 2 핵심 스킬 & 포인트

말의 시작부분을
목숨을 걸고 듣자.

초보자들은 말의 시작부분에 포인트를 두지 않고, 두리 뭉실하게 전체를 듣게 된다. 그래서 아무런 뜻도 떠오르지 않거나, 맨 마지막 단어만 머릿속에 오래 남게 된다. 물론 완벽하게 듣고 푸는 것이 원칙이다. 하지만 다 알아들을 자신이 없다면, 적어도 말의 시작부분을 목숨을 걸고 들어보자. 정답을 고르는데 핵심정보가 들어 있는 **처음 두세 단어**를 들어내야, 정확하게 들리지 않아도 찍을 수라도 있기 때문이다.

Part 2

뭐하는 거야?
토익 고수들은 말의 시작부분을 잘 듣기 위해서 숨조차 쉬지 않는대.
흥 흥~ 그러다 죽겠다~
첫 단어가 의문사가 있는지, 없는지 파악하는 것이 가장 중요해.

머리+몸통+꼬리중에 머리에 해당하는 3~4단어를 집중해서 들어야 해.
머리
몸통
꼬리
꼬리는 함정이야!
맨 마지막부분의 단어를 이용해서 함정을 자주 만들어 내.
꼬리

몰라!
몰라!
몰라!
몰라!
몰라!
모르겠다면 미련을 갖지 말고 찍고, 다음 문제를 대비하도록 해. 고민하는 순간 망하지.

유사발음이 나오면 오답이다.

초보자들은 속도가 너무 빨라서 질문의 일부만 들리거나, 정확히 듣지 못해 내용 파악이 하나도 되지 않을 수도 있을 것이다. 이때 질문에 들렸던 단어가 보기에 동일하거나 비슷한 단어가 들리면 반가워서 그것을 정답으로 고르려는 경향이 있다. 토익 출제기관인 ETS도 이런 사실을 간파하고 있다.

연습문제  TRACK 06

Q **Do you want to** get some coffee before we go back to the office?

(A) No, thanks. I don't need any copies.

(B) Yes, **that's a great idea**.

(C) Oh, the office is over there.

해법

Do you want to … 하고 싶으세요? 말의 시작을 제안문으로 시작하고 있다.

(A) **coffee**와 **copy**는 유사발음 중에서 가장 중요한 단어이다.
유사발음의 들리면 오답이다.

(B) 제안했을 때, **That's a great idea.**가 나오면 무조건 정답이다.
제안문과 정답 패턴을 암기하자.

(C) 질문의 맨 마지막 단어 **office** 가 반복되어 나와서 오답이다.
토익은 맨 마지막의 단어를 가지고 함정을 자주 만든다.

정답

(B) Yes, that's a great idea.

의문사 의문문은 'Yes/No' 로 대답할 수 없다.

Q **Why** did Mr. Stevenson email me the budget analysis report?

(A) I think he wants you to **go over** it.

(B) I already reported it to the police.

(C) Yes, the printer broke down again.

해법 말의 시작을 의문사 **Why**로 시작하고 있다.

(A) **go over**는 **검토하다**라는 뜻으로 정답이다.

(B) 질문의 맨 마지막 단어 **report**가 반복되어 함정을 만들었다.

(C) 의문사 의문문은 **Yes** 나 **No** 로 **대답할 수 없다.**

정답 (A) I think he wants you to go over it.

유사발음이 나와도 정답이 되는 선택의문문

연습문제  TRACK **08**

Q Is it quicker to get to the hotel by **taxi or subway** ?

(A) The **subway** is faster, I guess.

(B) I think I can do that.

(C) No, we're not.

해법

택시와 전철 중에 어느 것이 더 빠른지 물어보는, **선택의문문**이다.

(A) 맨 마지막 단어 **subway**를 반복해서 정답이 되고 있다.

(B) 의미상 어울리지 않는, 동문서답의 대답이다.

(C) 선택의문문은 **Yes**나 **No**로 답변할 수 없다.

정답

(A) The subway is faster, I guess.

나왔다 하면 정답이 되는 회피성 답변

Part2 도 문제와 보기를 정확하게 듣고 푸는 것이 원칙이다.

하지만 보기 중에 **확실하지 않아요. 잘 모르겠어요. 제가 확인해 볼게요. 물어보세요. 그때그때 달라요. 아직 결정되지 않았어요. 예, 하지만~.** 과 같은 회피성 답변이 들리면 대부분 정답이다.

 연 습 문 제

 TRACK **09**

Q **What time** does the post office open on Saturdays?

(A) In the office building down the street.

(B) Yes, you always have to wait a long time.

(C) **Let me check.**

 해 법

말의 시작부분이 의문사 **What time**으로 시작하고 있다.

(A) **In the 장소명사**는 의문사 'Where'의 답변이고,
질문과 보기의 **office**가 반복되고 있다.

(B) 의문사로 물어보는 경우, **Yes**나 **No**가 나오면 오답이다.

(C) **(저도 잘 모르니깐,) 제가 한번 확인해 볼게요.**
라고 말하는 회피성 답변이 정답이다.

정 답

(C) Let me check.

요청문과 제안문

"이것 좀 복사해 주실래요?" 또는 "주말에 영화 같이 보러 가는 것이 어때요?" 처럼 뭔가를 요청하고 제안하는 표현이 들렸을 때, 긍정적으로 수락을 하거나 정중히 거절을 하는 표현이 나오면 정답이다.

요청이나 제안하는 덩어리표현

① Why don't + we / you / I ~	~하는 것이 어때요?
② How about ~	~하는 것이 어때요?
③ Could you ~	~해주시겠어요?
Would you like ~	~하시겠어요?
④ Do you want ~	~하는 것을 원하세요?
⑤ Let's ~	~하자.

Listening Comprehension

무조건 말의 시작 부분을
목숨을 걸고 듣자.

p38 에서도 말해 놓고
그게 그렇게 중요해?
반복쟁이!!

당연하지! Why don't가, How about이 들리거나, Could,
Would와 같은 조동사가 들리거나, Do you want와 같은 동사가
들리면 제안문임을 빨리 알아차려야해.
또한 Please나 Let's가 들려도 마찬가지야~

만약 문장 전체를 듣지 못했더라도 아래 문장과 같이
말의 시작부분만 듣고
요청&제안문이라는 것을 알아차려야 해.

요청&제안문
Why don't~
How about~
Do you want~

아하~ 그렇군!
그럼 어떻게 대답해?

승낙과 거절하는 표현

만약 문장 전체를 듣지 못했더라도 말의 시작부분만 듣고 '요청&제안문' 이라는 것을 알아차렸다면, 대답할 때는 Okay, Sure, Sorry, Thanks but과 같은 수락이나 거절의 표현을 고르면 정답이다.

특히 That's a good idea.는 정답으로 너무나 많이 나왔던 표현이므로 꼭 기억해 두자.

승낙하는 경우	거절하는 경우
That's a good idea.	I'm sorry, but ~
That sounds great.	No, thanks.
That would be nice.	I'm afraid that
I'd be happy/glad/delighted to ~	I'd like to, but ~
Thank you.	Unfortunately,
I'd appreciate it.	I'm too busy now.
All right.	I can take care of it.
No problem.	I have other plans.

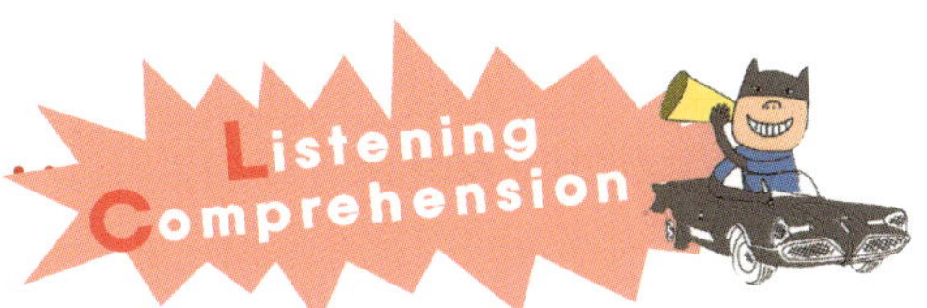

Part 2

Why don't we go to the movies tonight?
오늘 밤에 영화 보러 가는 거 어때요?

That's a good idea.
그거 좋은 생각이네요.

How about taking the bus today?
오늘 버스 타는 게 어때요?

Okay, let's do that.
좋아요, 그렇게 합시다.

Could you copy this report for me?
이 보고서 좀 복사해 주실래요?

I'd be happy to.
제가 기꺼이 해 드릴게요.

Would you like to join us for lunch?
우리와 함께 점심 같이 하실래요?
왕 짜장
Sorry, but I have other plans.
죄송하지만, 다른 일이 있어요.
짜장면이라니~~
난 탕수육뿐이 안 먹어.
Do you want me to move the box?
제가 상자를 옮겨 드릴까요?
그까짓 종이박스
거뜬하지 뭐~
Thanks, I'd appreciate it.
고맙습니다. 감사해요.
Let's get together sometime next week.
다음 주 중에 한번 모입시다.
That would be great.
그거 좋겠네요.

연 습 문 제  TRACK 10

Q **Why don't we** review the procedure again?

(A) Yes, he did.

(B) Because I've already signed for them.

(C) **That's a good idea.**

해 법

말의 시작부분이 **Why don't we...** 제안문으로 시작하고 있다.

(A) 질문의 주어는 **We**이고 보기의 주어는 **He**이다.
주어가 불일치하기 때문에 오답이다.

(B) **Why don't we**는 ~**하는 거 어때요**라는 제안문이다.
Because는 이유를 물어보는 의문사 Why에 대한 답변이다.

(C) 뭔가를 제안했을 경우 **That's a good idea.**가 나오면 정답이다.

정 답

(C) That's a good idea.

의문사 패턴정답

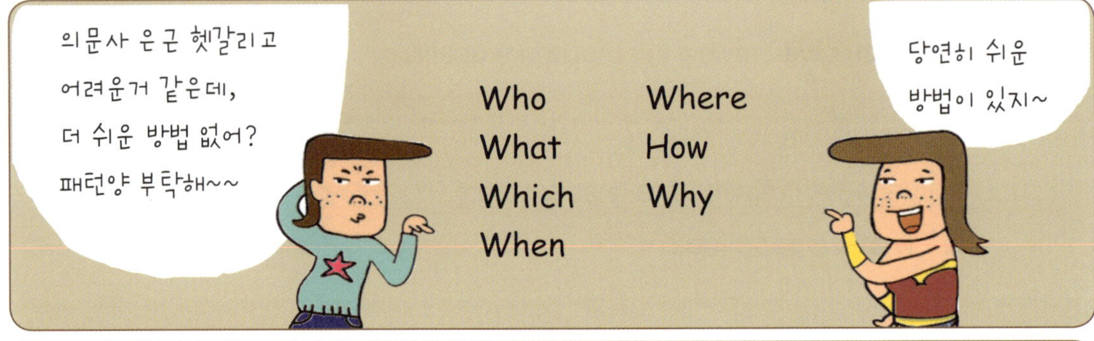

의문사 Who

* **사람 이름이나 직책명**이 나오면 정답이다.
* 회사 이름이나 부서명이 나와도 정답이다.
* I, You, We와 같은 1, 2인칭 대명사는 정답이다.
* 하지만 He, She, They와 같은
  3인칭 대명사는 오답이다.

의문사 What

* What은 '무엇'이라는 뜻으로,
  뒤에 나오는 명사를 잘 들어야 한다.
* What time?은 'When'으로,
  What's the price?는 'How much'를 의미한다.

의문사 Which

* Which는 '어느'라는 뜻으로 **The one**이 나오면 정답이다.
* Which 뒤에 나오는 명사가 반복되어 정답이 될 수 있다.

의문사 When

* 시간, 날짜, 시점 등과 같은 시간 표현이 나오면 정답이다.
* 시간접속사 when, before, after, as soon as, until이 나오면 정답이다.
* 의미가 과거인지 미래인지 시제를 파악하는 것이 중요하다.
* 의문사 [where]와 발음이 혼동 될 수 있기 때문에 주의하자.

의문사 Where

* 장소나 위치 또는 방향을 답하는 형태로 정답이 나온다.
* 전치사+장소명사, 즉 장소나 방향의 전치사구 형태가 정답이다.
* 우리말로 [왜]라고 들리면 의문사 [Where]임을 알아차리자.
* [Where]와 [When]의 발음이 혼동되기 때문에, 시간표현을 오답으로 제시한다.

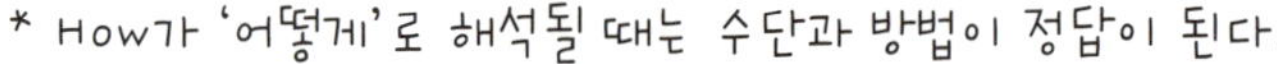

의문사 How

* How가 '어떻게'로 해석될 때는 수단과 방법이 정답이 된다.
* ~에 의해서 By와 이메일을 통해서가 정답으로 많이 출제 되었다.
* How do I get to…?는 교통수단이나 '걸어서'가 나오면 정답이다.
* 의견을 물어보는 How do you like~?는 형용사로 답을 한다.
* How가 '얼마나'로 해석될 때는 뒤에 나오는 단어를 잘 들어야 한다.
* How long은 '기간'이 나오면 정답이다.
* How many는 '숫자'가 나오면 정답이다.
* How much는 '달러($)'가 나오면 정답이다.
* How often은 '횟수'가 나오면 정답이다.
* How far는 '거리'가 나오면 정답이다.

의문사 Why

* 이유를 뜻하는 Because, Because of, Due to가 나오면 정답이다.
* 목적을 의미하는 'To + 동사원형'이 나오면 정답이다.
* 목적을 의미하는 'So 주어+동사'가 나오면 정답이다.
* 'For + 명사/동명사'가 나오면 정답이다.
* Why don't you는 제안하는 표현이라는 사실을 알아야한다.

연습문제  TRACK **11**

Q **Which paper** are we discussing at the meeting?

(A) **The one** by Dr. Lee.
(B) I enjoy meeting everyone.
(C) At 3 o'clock.

 해법

말의 시작을 **의문사 Which**로 시작하고 있다.

(A) Which로 물어볼 경우 **The one**이 나오면 무조건 정답이다.

(B) 질문의 맨 마지막 단어 **meeting**을 이용해서 오답을 만들고 있다.

(C) 의문사 **When**에 대한 답변이다.

정답

(A) The one by Dr. Lee.

Part 3 짧은 대화 (30문제)

★ 두 사람이 두 번씩 주고받는 짧은 대화를 듣고 관련 질문에 대한 정답을 4개의
보기 중에서 고르는 문제로 구성된다.

★ 대화 하나당 세 문제가 출제된다.

★ 문제지에 대화문은 인쇄되어 있지 않고 질문과 4개의 보기는 인쇄되어 있다.

Part 3 핵심 스킬 & 포인트

대화의 흐름과
질문의 유형은 정해져 있다.

대화의 흐름

Listening
Comprehension

질문의 유형

(A)(B)(C)(D)의 보기들은 매우 다양한 내용들이 나와. 하지만 질문은 10개의 유형에서 크게 벗어나지 않아.
질문의 유형과 정답이 나올 위치까지 거의 정해져 있단 말이지?
맞아! 요즘 컨디션 좋네~ ^^
전반부에 답이 위치하는 문제(일반적인 문제)는
① 화자, 청자   ② 정체, 직업   ③ 장소, 업종
④ 주제, 목적   ⑤ 문제점, 걱정
중반부에 답이 위치하는 문제(세부적인 문제)는
⑥ 이름, 숫자   ⑦ 시간, 장소   ⑧ 이유, 방법
대화문
유형과 정답이 나오는 위치까지 머릿속에 훤하게 꿰뚫고 있으면 편하겠네.
후반부에 답이 위치하는 문제(다음 행동 문제)는
⑨ 요청, 제안   ⑩ 다음 일정

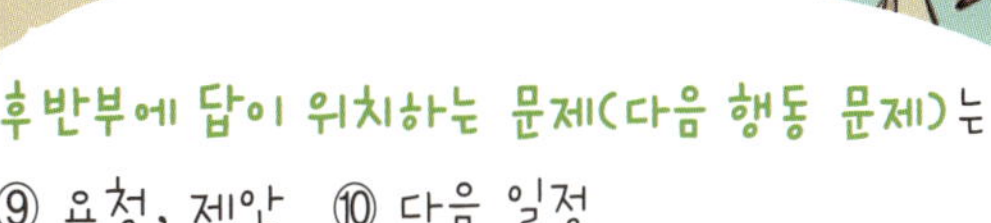

전반부에 답이 위치하는 문제 (일반적인 문제)

첫 문제는 항상 주제와 관련된 문제가 나오고, 위의 5가지 문제 유형을 거의 벗어나지 않는다. 위와 같은 주제를 묻는 질문은 대화의 앞부분에 정답이 나오게 되어있다. 대화의 앞부분을 놓치면 전체 내용 파악이 어려워지므로 **무조건 앞부분을 목숨을 걸고 들어야 한다.**

Hello, I'd like two tickets for Saturday night's theater performance.

I'm afraid all of the tickets are sold out for that performance.

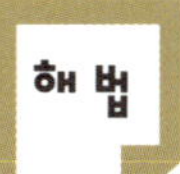

① 처음 말하는 사람은 **남자**이고, 듣는 사람은 **여자**다.
② 남자는 **고객**이고, 여자는 **판매원**이다.
③ 주제는 **티켓구매**이고, 목적은 **공연보기**이다.
④ 업종은 **공연업계**이고, 대화 장소는 **매표소**이다.
⑤ 문제점은 **표의 매진**이고, **공연을 볼 수 있을지**가 걱정이다.

1. 남녀를 구별하는 문제

★ 질문의 주어로 정답의 위치를 알 수 있다.

★ According to **the woman**,
여자의 말에 따르면

→ 여자의 말에서 정답!

★ What does **the man** ask for?
남자가 요청하는 것은 무엇인가?

→ 남자의 말에서 정답!

★ What does **the woman** say about herself?
여자가 자신에 대해서 뭐하고 하는가?

→ 여자의 말에서 정답!

★ What does **the man** suggest the woman do?
남자가 여자에게 제안하는 것은 무엇인가?

→ 남자의 말에서 정답!

 TRACK **13**

Q What does **the man** want to do?

Hi, I purchased this computer here and **I'd like to return it** for a refund.

We can give you a full refund as long as you have the orignal receipt.

해법

① **남자**가 하기를 원하는 것이 무엇인가를 묻는 문제이다. 따라서 남자의 말에서 정답이 나올 것이라는 것을 예상할 수 있다.

② 주제문제는 앞부분에서 **I'd like to**와 같은 표현 다음에 정답이 잘 나온다.

정답 Return an item

- refund (명) 환불 (동) 환불하다
- receipt (명) 영수증

2. 정체나 직업을 물어보는 문제

★ 정체나 직업을 묻는 질문

★ **Who** is the man? 남자는 누구인가? 정체

★ **Who** most likely is the woman? 여자는 누구일 것 같은가?

★ **What** is the man' s **job**? 남자의 직업은 무엇인가? 직업

★ **Where** does the woman probably **work**? 여자는 아마 어디서 일할 것 같은가?

 TRACK **14**

Q **Who** most likely is **the woman**?

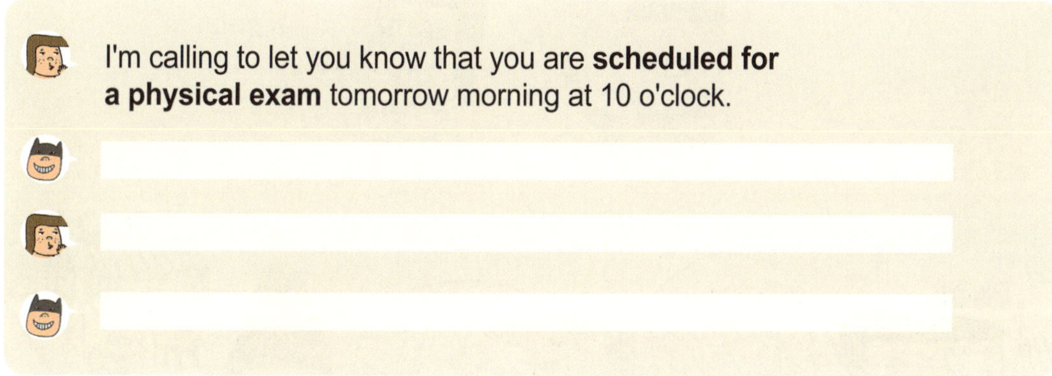

해법   여자가 건강검진 예약일정을 알려주기 위해 전화를 건 상황이다. 따라서 여자는 병원에서 일하는 직원이다. 이렇게 전화업무를 하거나 손님을 맞이하는 직원을 **receptionist** 라고 한다.

정답   A receptionist

- receptionist   (명) 접수계원
- patient   (명) 환자

3. 장소나 업종을 물어보는 문제

★ 장소나 업종을 묻는 질문

★ **Where** dose the conversation **take place**?
어디서 대화가 일어나는가?

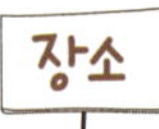

★ **Where** most likely are the **speakers**?
화자들은 어디에 있는 것 같은가?

★ What type of **business** is the man calling?
무슨 유형의 사업체에 남자가 전화하는가?

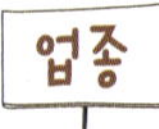

★ What **department** do the speakers **work** in?
무슨 부서에서 화자들이 일하는가?

Q **Where** is this conversation **probably** **taking place** ?

Hi, I saw a for- rent sign on the notice board outside.
I need to move to a bigger house.

Yes, We have various **properties** available.
Which region do you want to look for?

① 위의 질문에서 **taking place**를 보는 순간 대화 장소 문제임을 알 수 있고, **probably**가
있음으로 유추문제라는 것도 알아차릴 수 있다.

② 이때 전체 대화 내용을 다 이해하는 것도 중요하지만, 가장 핵심이 되는 단어는
property라는 단어이다. 이 한 단어의 이미지만 잘 알고 있어도 정답은 쉽게 맞출 수 있다.
property는 '건물+땅+자산' 이란 뜻이다. 따라서 대화의 장소는 **부동산**이다.

정 답   At a real estate agency

- property   (명) 건물+땅+자산
- real estate agency   (명) 부동산

4. 주제나 목적을 물어보는 문제

★ 주제나 목적을 묻는 질문

★ **What are the speakers mainly discussing?**
화자들이 무엇에 대해서 주로 얘기하고 있는가?

주제

★ **What are the speakers talking about?**
화자들이 무엇에 대해서 얘기하고 있는가?

★ **What is the purpose of the call?**
이 전화의 목적은 무엇인가?

목적

★ **Why is the man calling?**
왜 남자가 전화를 하고 있는가?

Q What is the **purpose** of the call?

> Hello. My name is John Smith and **I'm calling to** ask about **the researcher position** posted in today's newspaper.

해법

① 질문에서 **purpose**를 보는 순간 목적문제이고, **call**을 보는 순간 전화대화 상황이라는 것을 알 수 있다.

② 전화 건 목적은 앞부분 I'm calling ~ 또는 I'd like to ~와 같은 핵심표현 다음에 정답이 나온다. 위의 문제도 첫 문장에서는 간단히 자기 이름을 밝힌 후, 두 번째 문장 I'm calling~ 다음에 **한 일자리에 지원을 하기 위한** 목적을 말하고 있다.

정답

To apply for a position

- position (명) 위치, 일자리
- apply for (동) 지원하다

5. 문제점이나 걱정을 물어보는 문제

★ **문제점, 우려, 걱정을 묻는 질문**

★ What is the **problem**?　　　무엇이 문제인가?　　　**문제점**

★ What is the man's **concern**?　　　남자의 걱정은 무엇인가?　　　**우려**

★ What is the woman **worried about**?　　　여자는 무엇에 대해서 걱정하는가?　　　**걱정**

  TRACK 17

Q What **problem** does the man mention?

Hi. I'm looking for the newly released laptop computer.

Unfortunately, the model you want is **not in stock**.
It was so popular that it's sold out.

해 법

① **남자가 언급하는 문제**가 무엇이냐고 물어보기 때문에 **남자의 말에서 정답**이 나온다는 것을 알 수 있다.

② 가장 중요한 표현은 **not in stock**이란 표현인데 의미는 재고가 없는 이란 뜻이다.
동의어로는 **out of stock, sold out**이란 표현이 있다.
정답은 **not available**이라는 표현으로 바뀌어 나왔다.
특히 **available**은 토익에서 가장 많이 나오는 단어임으로 반드시 알아두자.

정 답 An item is not available.

- not in stock (숙) 재고가 없는
- available (형) 이용 가능한, 구입 가능한, 시간이 나는

중반부에 답이 위치하는 문제 (세부적인 문제)

주제와 관련된 일반적인 문제는 첫 문제에 등장하고, 두 번째 문제는 주로 세부적인 사항을 물어보는 문제가 나온다. 특히 세부적인 내용을 물어보는 경우는 문제의 '키워드' 를 정확하고 신속하게 파악하는 것이 중요하다.

Q1 What is located **near the city hall**?

(A) A train station (B) A convention center
(C) A new restaurant (D) A baseball stadium

Q2 Who is **Jeff Hong**?

(A) A waiter (B) A reporter
(C) A manager (D) A customer

Q3 What will John do **at 2 pm**?

(A) Submit a report (B) Meet a client
(C) Have lunch (D) Visit the city hall

Hi, John. We're heading to **the Italian restaurant** that just opened **next to the city hall**. Would you like to join us?

I'd like to, but I can't. and **I have an important meeting** with **Jeff Hong**, **my new client** **at 2 pm**.

Oh, you are very busy. Do you need any help?

Thanks but I can manage it myself.

정답
Q1 _ (C) A new restaurant
Q2 _ (D) A customer
Q3 _ (B) Meet a client

6. 이름과 숫자가 키워드인 문제

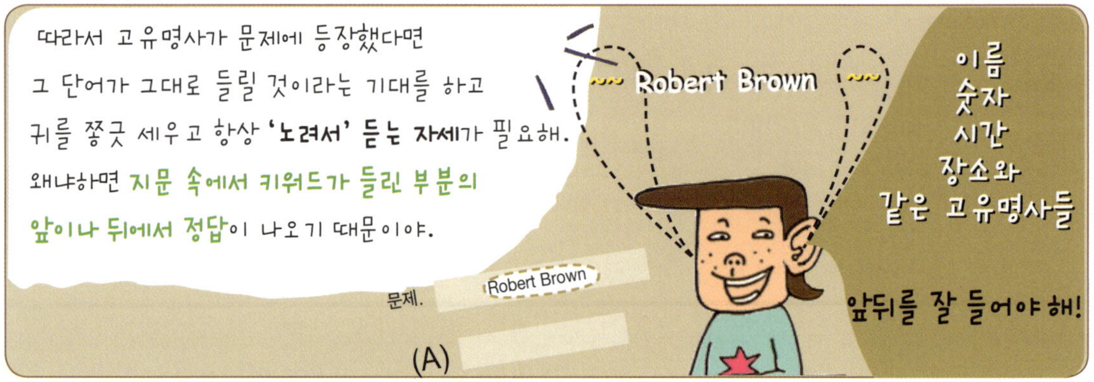

★ 이름과 숫자가 키워드인 질문

★ **Who is Rovert Brown?**
로버트 브라운은 누구인가?

★ What does the woman intend to do **at 2 p.m.** ?
여자는 2시에 무엇을 하려고 하는가?

Q Who is **Robert Brown** ?

(A) A senior editor

(B) A hiring manager

(C) A fitness consultant

(D) A conference coordinator

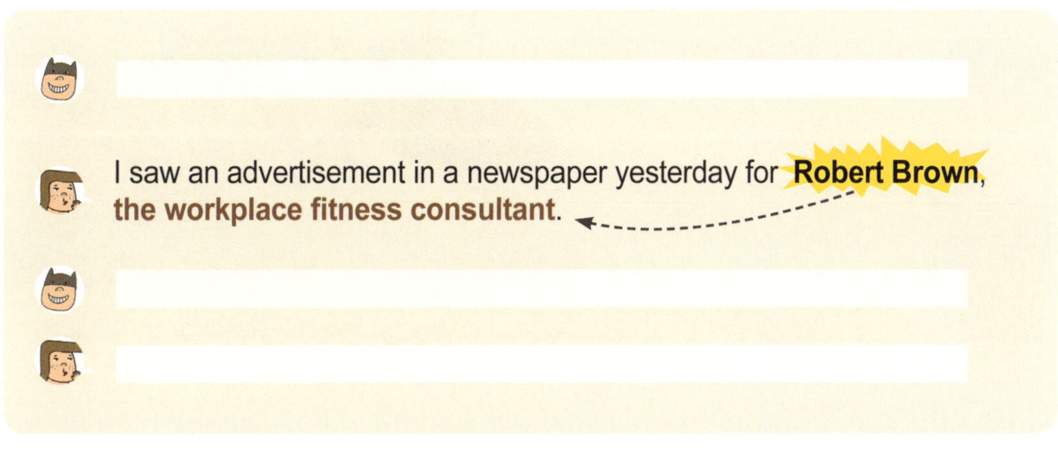

해법

① 질문에 **고유명사**인 '사람이름' 이 등장했다. 따라서 해당 인물의 이름이 언급된 부분의 앞이나 뒤에서 단서가 제시된다.

② **Robert Brown** 뒤에 **the workplace fitness consultant**가 나와 있다.

정답 (C) A fitness consultant

7. 시간이나 장소가 키워드인 문제

★ **시간이 키워드인 질문과 보기**

★ **When** are the speakers going to leave the office?
언제 화자들이 사무실을 떠나는가?

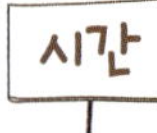

(A) **1** o'clock

(B) **2** o'clock

(C) **3** o'clock

(D) **4** o'clock

★ What does the woman plan to do **at 10 o'clock** ?
무엇을 여자가 할 계획인가, 10시에?

Q **When** will the speakers probably meet?

(A) In **10** minutes
(B) In **20** minutes
(C) In **30** minutes
(D) In **40** minutes

Hi, Jenny. It's John. Can you give me a ride to work?
My car broke down.

I'd be happy to, but I have to go to work early.
Do you mind leaving **30 minutes** earlier than usual?
함정

Not at all. I will be ready to be picked up **in 10 minutes**.
함정

You can make that 20. I need some time to get dressed.

해법

① 주로 앞에 나온 숫자는 함정일 가능성이 많고, 뒤에 나온 것이 정답이 되는 경우가 많다.
너무 선급하게 판단해서 함정에 속는 어리석음을 저지르지 말자.

② 따라서 정답은 20분 후인 (B) In 20 minutes이다.

정답

(B) In 20 minutes

8. 이유를 물어보는 문제

★ 이유를 묻는 질문

★ **Why** is the man **leaving work early**?
왜 남자가 일찍 퇴근하는가?

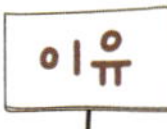

★ **Why** is the woman **surprised**?
왜 여자가 놀랐는가?

★ **Why** is the man **miss the event**?
왜 남자가 그 행사에 빠졌는가?

★ **Why** does the woman **contact** the man?
왜 여자가 남자에게 연락했는가?

Q **Why** was the woman late?

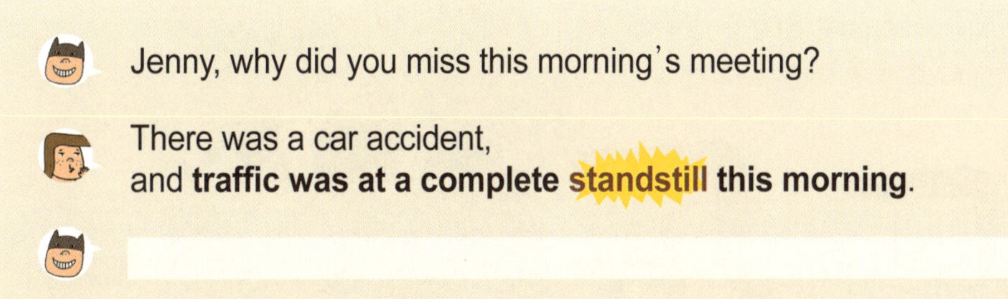

해법

① car accident라는 말이 들리기 때문에 자칫 '차사고' 때문에 여자가 회의에 참석 못했다고 착각하기 쉽다.

② 하지만 여자가 늦은 이유는 **standstill** 즉, **길이 막혔기** 때문이다.

정답

She was stuck in traffic.

- stuck   (형) 꽉 막힌
- traffic jam, congestion, standstil   교통체증, 교통 혼잡

후반부에 답이 위치하는 문제 (다음 행동 문제)

Part 3

9. 요청이나 제안을 하는 문제

★ ARS 요청 제안하는 문제이다!

★ **What does the woman ask the man to do?**
여자가 남자에게 무엇을 요청하는가?

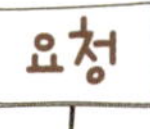

★ **What does the man request?**
남자가 요청하는 것은 무엇인가?

★ **What does the woman recommend?**
여자가 제안하는 것은 무엇인가

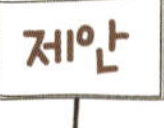

★ **What does the man suggest the woman do?**
남자가 여자에게 하도록 제안하는 것은 무엇인가?

  TRACK **22**

Q What does **the woman ask** the man to do?

 I'm calling to inquire about a computer that I ordered from you last week. It hasn't arrived yet.

Sure, I'd be glad to help you. **Could you please** give me the tracking number ?

해법

① **여자**가 남자에게 하도록 **요청**하는 것을 묻는 문제이기 때문에, 정답은 아마 후반부에 등장할 가능성이 많고, 여자의 말에서 정답이 나올 것이라는 것을 알 수 있다.

② 맨 마지막 여자가 요청하는 표현 Could you please... 다음에 정답이 등장했고, '추적 번호' tracking number를 '참고 번호' reference number로 단어를 약간 바꿔서 정답이 나오고 있다.

정답 Tell her the reference number

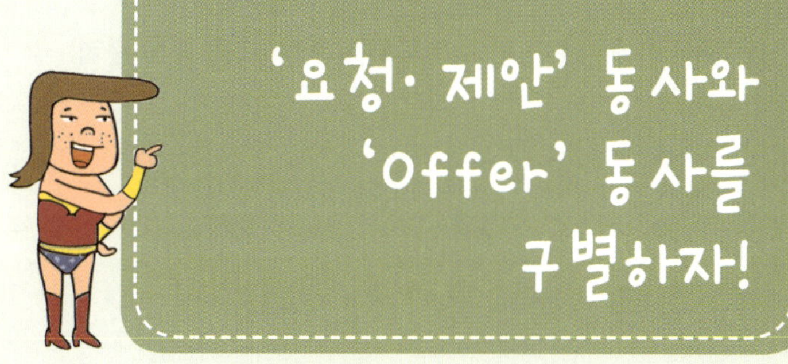

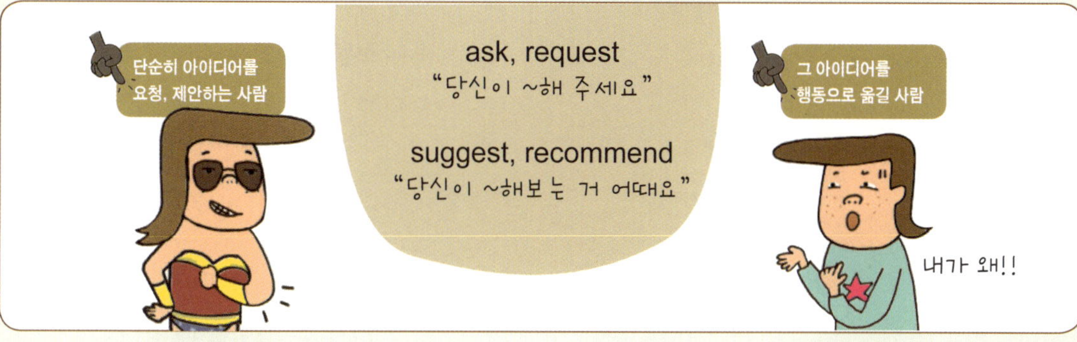

★ **What does the woman ask the man to do?**
무엇을 여자가 요청하는가? 남자에게 하라고.

★ **What does the woman suggest the man do?**
무엇을 여자가 제안하는가? 남자에게 해보라고.

★ **What does the woman offer to do?**
무엇을 여자가 해주겠다고 하는가?

★ **What does the woman offer the man?**
무엇을 여자가 해주겠다고 하는가? 남자에게.

10. 다음 일정을 물어보는 문제

★ 다음 일정을 묻는 질문

★ **What will the man most likely do next?**
무엇을 남자가 아마 다음에 할 것 같은가?

★ **What does the woman say she will do?**
무엇을 여자가 하겠다고 말하는가?

★ **What are they going to do?**
무엇을 그들이 할 것인가?

★ **What is going to happen next?**
무엇이 다음에 일어날 것인가?

Q What will **the man** most likely **do next**?

> Hi. Have you talked with Ebby about preparing for the sales meeting on Monday?
>
> She just called. She needs more time to analyze all the data, so she asked if we could reschedule the meeting for Tuesday.
>
> Well, I'm leaving for a business trip on that day. Would you call her and reschedule the meeting for Thursday?
>
> Sure. **I'll try to reach her** as soon as possible.

① 질문의 주어 **the man**을 보고, 남자의 말에서 정답이 나온다는 것을 알 수 있다. **most likely**를 보고, 유추문제라는 것을 알 수 있다.

② **do next**를 보고, 정답은 맨 끝 부분에 나온다는 것을 알 수 있다.

③ 남자의 맨 마지막 말 **I'll...** 다음에 정답이 나왔다. **reach**를 **contact**으로, **her**를 **colleague**로 바꿔서 정답으로 나왔다.

Contact a colleague

- reach (동) 손을 뻗다 → 도착하다 → 연락하다
- contact (명) 접촉, 연락 (동) 접촉하다, 연락하다
- colleague (명) 동료

01. Where does this conversation most likely take place?

    (A) In an accounting office
    (B) In a furniture store
    (C) In a concert hall
    (D) In a restaurant

02. What does woman plan to do at 2 p.m.?

    (A) Deliver some furniture
    (B) Attend a meeting
    (C) Call a customer
    (D) Pick up some food

03. What will the man look for?

    (A) A lost ticket
    (B) A missing report
    (C) An available table
    (D) An empty taxi

Excuse me, **when will our table be ready**? We've been waiting for about half an hour.

Well, I wish I could seat you right away. Your dinner reservation was for only 4 people, but now you have 8 people in your group. We don't have table large enough to accommodate 8 people at the moment.

I'm sorry. The others decided to join us just before leaving the office, so we didn't have time to change the reservation. **We have to get back to work for a meeting** at 2 o'clock, And it's already 1 o'clock now, so we don't mind sitting at two different **tables**.

Oh, that won't necessary. There's a large group in the back room and might be ready to leave soon. **I'll go and check it out for you**.

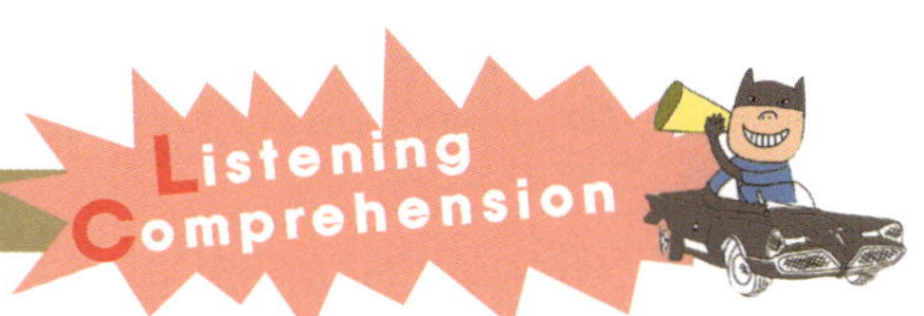

01. Where does this conversation most likely take place?

첫 번째 문제에는 대부분 '**주제**'와 관련된 일반적인 문제가 나온다. 위의 질문유형은 '대화 장소' 문제임을 알 수 있다. 또한 문제에 **most likely**라는 단어가 나오면 **유추문제**이다. 귀에 들린 단어를 그대로 고르는 '귀에 번쩍' 스킬로 풀리지 않고, 다른 단어로 '변신' 되어서 나올 수 있다는 것을 미리 마음의 준비를 해 놔야한다.

첫 여자의 대사에 **table**이 들리는 순간 대화 장소는 **레스토랑**임을 빠르게 알아 차려야 한다. '귀에 번쩍' 스킬로 그대로 나오건, 아니면 다른 단어로 '변신' 되어 나오던 첫 문제는 항상 앞부분에서 승부를 빨리 걸어야 한다는 것을 명심하자.

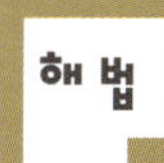

(D) In a restaurant

02. What does woman plan to do at 2 p.m.?

두 번째 문제는 대부분 **구체적인 문제**가 나온다. **질문에 이름과 숫자와 같은 고유명사**가 있을 때 그것이 핵심 **키워드**가 된다. 위의 질문 맨 마지막에 at 2 o'clock이 있음으로 이것이 키워드이다. 정답은 키워드를 중심으로 앞이나 뒤에 정답이 나올 것이라는 생각을 미리 하고 있다가 노려서 듣는 치밀함이 필요하다. 또한 여자가 뭐할 계획인가라고 물어보는 문제이기 때문에 여자의 입에서 정답이 나올 것이라는 것도 예상할 수 있다.

고유명사 2 o'clock 앞에 meeting이 등장했음으로 (B) Attend a meeting이 정답이다. 미리 생각하고 노려서 들어야지 끝까지 듣고 풀면 함정에 속기 쉽다.

(B) Attend a meeting

03. What will the man look for?

세 번째 문제는 맨 마지막에 **정답**이 나온다. 정확히 해석이 되지 않았더라도 ticket, report, taxi, table 중에 대화에 언급된 것은 **table**밖에 등장하지 않았다. 보기를 왔다 갔다 하면서 보고 있다가 맨 마지막 부분에 나온 상황만 잘 파악하면 의외로 쉽게 정답을 맞출 수 있다. 이것이 맨 마지막 문제만의 매력이다. 따라서 (D) An available table이 정답이다. 대화가 모두 끝났을 때 만약 정답이 뭔지 모르겠더라도 너무 오랫동안 생각하지 말고 다음 문제를 빨리 분석해야 한다.

(D) An available table

Part 4 설명문 (30문제)

★ 설명문 또는 이야기로 된 긴 지문을 듣고 질문에 대한 정답을 4개의 보기
   중에서 고르는 문제로 구성

★ 지문 하나당 세 문제 출제된다.

★ 문제지에 지문은 인쇄되어 있지 않고 질문과 4개의 보기는 인쇄되어 있다.

Part 4 핵심 스킬 & 포인트

토익 LC에서,
요령과 스킬이 중요한 이유

Listening
Comprehension

단서와 패턴을 알면 되겠구나.
문제의 유형,
정답의 단서,
오답의 패턴
토익은 시험이기 때문에 문제의 유형이나 정답의 단서, 오답의 패턴들이 정해져 있어.

토익 문제의 핵심원리를 파악하고 문제를 풀 때 전략적으로 접근을 해서, 잘 들리지 않고 완벽하게 해석이 되지 않아도 빠르게 정답을 고를 수 있는 능력을 우선 기르는 것이 중요하지.
해석이 안되도 맞힐 수 있는 거야? 대~~박 !!!

왜냐하면 우선 당장은 점수를 빨리 올려야 하니깐!.
550점
토익990
좋아브러~~
700점
얼~~쑤~~

보기 (A)(B)(C)(D)를 보고 있다가,
귀에 들리는 대로 그대로 찍는
'귀에 번쩍' 스킬

'눈' 과 '손' 과 '귀' 가 삼위일체가 되어야 한다!

첫 번째 문제는 순발력 테스트이다.

토익 초보자들은 문제 읽으랴, 방송 들으랴 한꺼번에 두 가지를 동시에 한다는 것이 쉽지 않아.
듣기에 집중하니 독해가 안 되고, 문제를 분석하고 있자니 듣기가 안 되고.
원어민의 말의 속도는 빛의 속도로 훅~ 지나가 버리고.

이때 첫 번째 문제를
얼마나 빠르고 신속하게
정답을 골라내느냐가 관건이야.

가장 이상적인 것은
첫 번째 문장과 두 번째 문장까지 듣고
해석해서 정답을 고르면 좋다는 말
하려고 하는 거지?.

하지만 해석조차 되지 않는다면 보기를 보고 있다가,
한 단어라도 귀에 들린 단어가 보기 중에 있다면
망설이지 말고 찍고 다음 두 번째 문제를 대비해야 해.

  TRACK **25**

Q Where does the speaker work?

(A) At a utility company
(B) At a carpeting supplier
(C) At an automobile factory
(D) At an **appliance** store

 Thank you for shopping at our ABC **appliances**. This washing machine is easy to install on your own.

 **해법**
만약 기본기가 없어 해석이 되지 않는다면
첫 번째 문장에서 **appliances**가 들리는 순간,
귀에 번쩍 스킬로 재빨리 정답을 (D) At an appliance store를 고르고
다음 문제를 대비하면 된다.

 **정답**
(D) At an appliance store

■ appliance (명) 가전제품

첫 문제에 'most likely' 나 'probably' 가 보인다면?

 TRACK **26**

Q Where does the conversation **probably** take place?

(A) In a bank
(B) In a **hotel**
(C) In a restaurant
(D) In a shopping center

 Good morning. This is the front desk. May I help you?

 Yes, this is Gupta in **room** 201.

 대화에서 **room**을 듣는 순간, 대화 장소는 **hotel**임을 단박에 알아차려야 한다.
정답은 (B) In a hotel을 재빨리 고르고, 다음문제를 대비하고 있어야 한다.

 (B) In a hotel

첫 번째 문제 정답을 빠르게 고른 후에,
두 번째 문제 정답의 단서가 바로 등장하는
'따닥이' 스킬

Listening Comprehension

계속해서 두 번째 문제만 보고 있다가
마지막 세 번째 문제까지 틀리게 되는 경우가
많이 발생하게 돼.
헐~!

문제 풀 때의 자세 - 초간단 토익 자세법

Q1 What event does the report discuss?

(A) A corporate **merger**.
(B) A marketing campaign.
(C) A manufacturing conference.
(D) A restaurant expansion.

Q2 When will the event happen?

(A) In June
(B) In July
(C) In November
(D) In **December**

And now for business news. John Smith, CEO of SM Motors has announced that his company will **merge** with Kyoto Corporation. The **merger** will take place **this December**.

해법

Q1 첫 번째 문장과 두 번째 문장에서 각각 **합병하다** merge와 **합병** merger라는 단어가 가장 먼저 등장했다. 따라서 (A) A corporate merger가 정답이다.

Q2 **첫 문제의 정답 다음에**, 곧바로 두 번째 문제의 정답 (D) December가 바로 나와서 정답이 되고 있다. 모든 문제들이 다 이렇지는 않지만, **두 번째 문제의 정답이 바로 나올 수 있음**으로 항상 마음의 준비를 해두자.

정답

Q1 _ (A) A corporate merger.
Q2 _ (D) In December

이름과 숫자가 나오면
그 언저리 부분을 콕! 찍어서 들어야하는
'독수리' 스킬

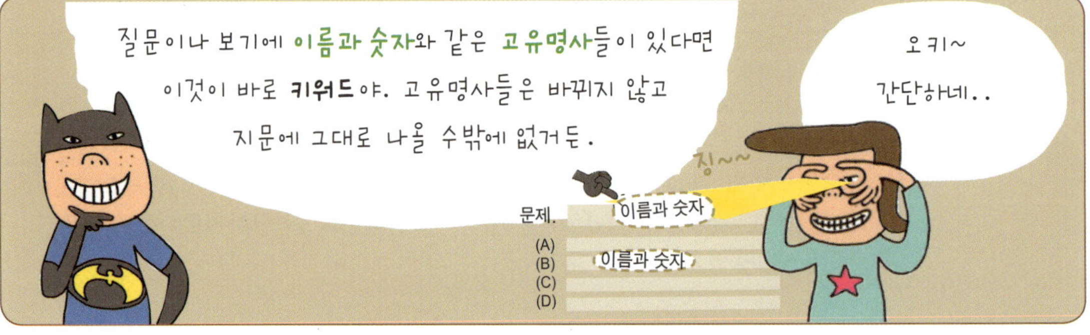

Listening
Comprehension

따라서 고유명사가 문제에 등장했다면?
~~이름, 숫자~~
그 단어가 그대로 들릴 것이라는 기대를 하고 귀를 쫑긋 세우고 항상 '노려서' 듣는 자세가 필요해.

왜냐하면 지문 속에서 키워드가 들린 부분을 중심으로
너 토익 200번 봤지? 딱 보니 적어도 199번은 본 듯 하네~

앞이나 뒤에서 정답의 단서가 나오기 때문이야.
좋아브러~~
얼~~쑤~~

함정에 속지 말고, 노려서 들어라!

Q When will Dr. Lee's presentation take place?

(A) At 10 A.M.
(B) At 11 A.M.
(C) At 2 P.M.
(D) At 4 P.M.

Dr. Lee, who was to speak this morning **at 10 o'clock**, has been delayed.
함정
His session will be moved to this afternoon **at 2 o'clock**.

 해법

① **보기**가 전부 **숫자**로 구성되어 있다. 보기에 등장한 숫자들이 들릴 것이라는 것을 미리 예상을 하고 있어야 한다. 또한 함정이 도사리고 있을 거라는 출제자의 의도도 파악하고 있어야한다.

② 숫자들을 미리 생각하고 보기들을 보고 있는 상태에서 정답이 나온 순간, 독수리가 먹이를 낚아채듯이 바로 골라야 한다. 앞에 나온 (A)10시는 함정이고 (C) 2시가 정답이다.

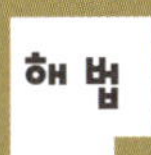 정답

(C) At 2 P.M.

지문의 단어를 그대로 사용하기 보다는,
동의어나 다른 말로 바꿔 표현하는
'변신' 스킬

Listening
Comprehension

그 많은 단어를
어떻게 다 외우지?

이렇게 똑같이 반복하지 않고
다른 말로 바꿔서 표현하는 것을
페러프레이징(paraphrasing)이라고 하는데,
토익 정답을 만드는 핵심 스킬 중의 하나야.

Part 4

Part7 독해는 90% 이상 대부분 페러프레이징 돼.
하지만 Part 3&4 듣기는 생각하는 것만큼 많이
되지 않고, 약 40% 정도만 페러프레이징 돼.

몇 개 안된다는 거지?

> **변신은 아름다워. - 일반화시킨 단어들이 정답이 잘 된다.**

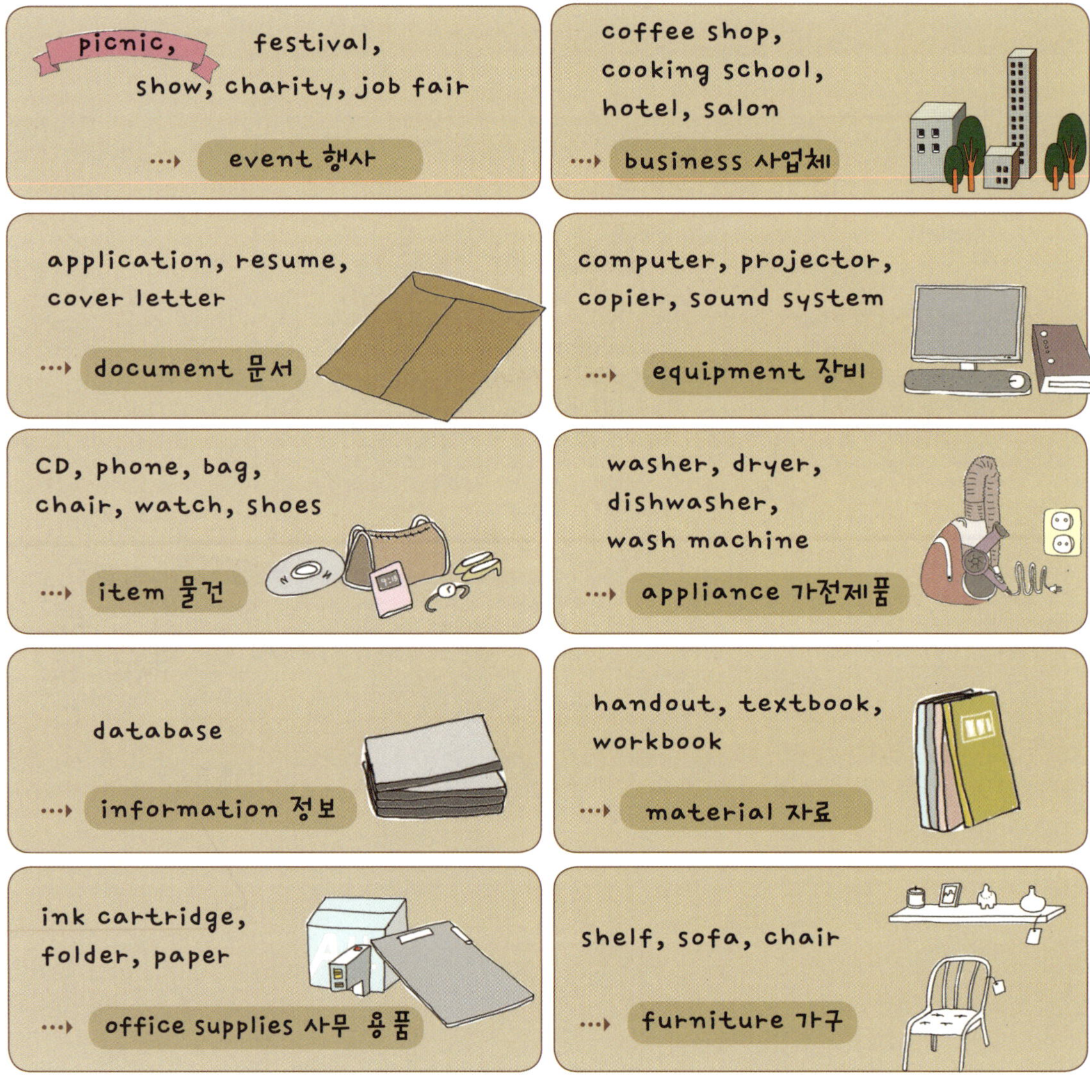

  TRACK 29

Q Who is the speaker **most likely** calling?

(A) A plumbing service
(B) An **appliance** store
(C) A delivery company
(D) A building manager

 Hi, this call is regarding **a dish washer** I purchased at your store a few weeks ago.

 식기 세척기 dish washer를 듣고 **가전제품 appliance**를 순간적으로 떠올릴 수 있어야한다.

 (B) An appliance store

- dish washer (명) 식기 세척기
- appliance (명) 가전제품

마지막 부분 상황만 잘 파악하면,
의외로 쉽게 정답을 고를 수 있는
'어부지리' 스킬

모르면 빨리 찍고, 다음 문제를 대비해라.

모르겠으면 미련 없이 아무거나
찍고 넘어간다는 것이 말처럼
그렇게 쉽지는 않을 거야.

아니.. 네 일 아니라고 너무
막말하는거 아냐??
그냥 찍으라는 소리잖아~
벌써 주사위 던졌음....

더
더 더
더 더
덜덜덜
조금만 더 생각하면 정답을 맞출 수 있을 것 같고,
조금만 더 조금만 더… 하다가 다음 문제를 제대로
분석 못해서 '멘붕'이 오기도 해.

점수를 올리고 싶다고?
그럼 모르겠으면 아쉬움이 남더라도 빨리 찍고
다음 문제를 대비하는 실전 연습을 통해서
머리가 아니라 몸으로 익혀야 해.
사사삭~
사사삭~

Q What does the speaker ask the listener to do?

(A) Subscribe to a magazine
(B) Apply for a job opening
(C) Register for a service
(D) **Call** with **questions**

At the end of the interview, Ms. Wong has agreed to take **calls** from our audience. If you have any **questions** for Ms. Wong, please give us a **call** at 555-0515 and we will try to get you on the show.

마지막 세 번째 문제는 **마지막 부분**에서 **정답**이 나온다. 만약 정확한 해석이 되지 않아 의미가 떠오르지 않았다면 **어부지리스킬**로 빨리 정답을 고르자.
보기(A)(B)(C)(D) 중에 지문에서 언급된 상황은 **call, questions** 밖에 없다.
따라서 (D)가 정답이다.

(D) Call with questions

듣기스킬 총정리
'콕콕콕' 찍어서 듣자!

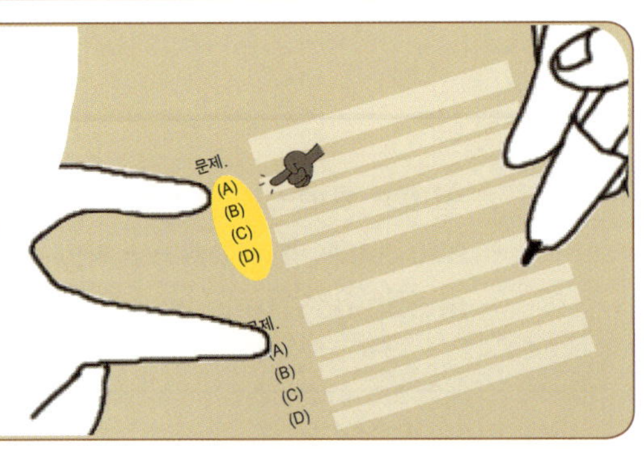

문제풀이 3단계 - 전략적으로 접근하자!

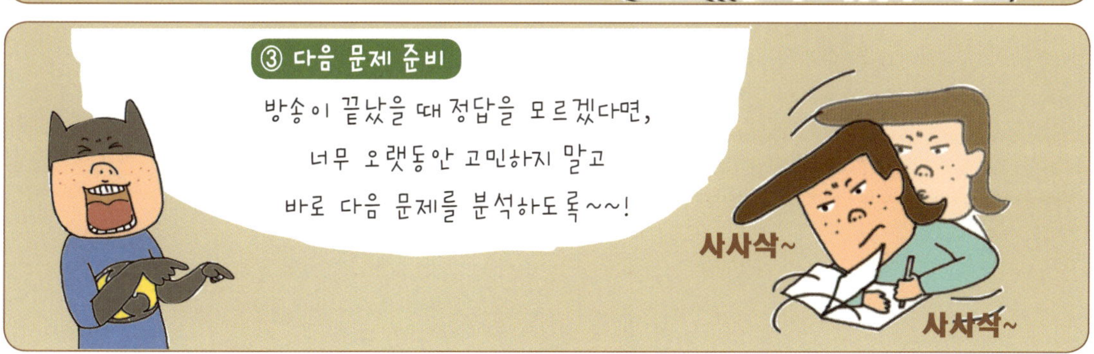

시선처리만 잘 해도, 점수가 급상승한다!

4. 변신 스킬

5. 어부지리 스킬

01. What is the purpose of this announcement?

    (A) To confirm a new meeting location
    (B) To report changes to scheduled events
    (C) To summarize a presentation
    (D) To introduce a featured speaker

02. When will Dr. Lee's presentation take place?

    (A) At 10 A.M.
    (B) At 11 A.M
    (C) At 1 P.M.
    (D) At 3 P.M.

03. What does the speaker suggest the listeners do?

    (A) Register for a medical conference
    (B) Wear formal attire to a banquet
    (C) Introduce themselves to Dr. Lee
    (D) Check a bulletin board for information

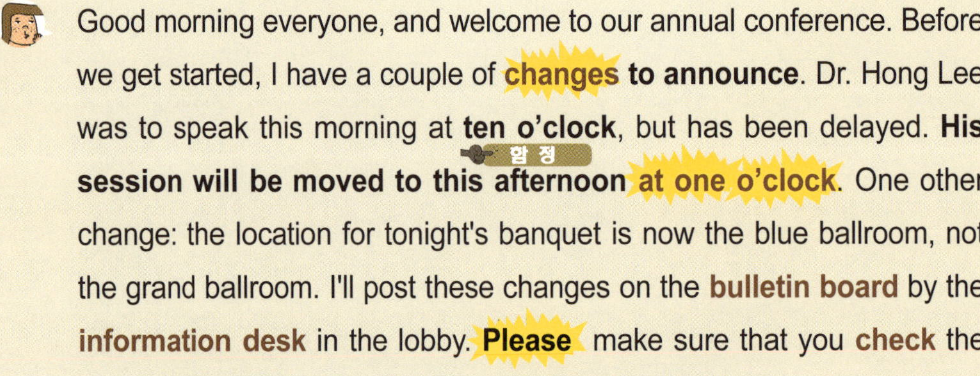

Good morning everyone, and welcome to our annual conference. Before we get started, I have a couple of **changes to announce**. Dr. Hong Lee was to speak this morning at **ten o'clock**, but has been delayed. **His session will be moved to this afternoon at one o'clock**. One other change: the location for tonight's banquet is now the blue ballroom, not the grand ballroom. I'll post these changes on the **bulletin board** by the **information desk** in the lobby. **Please** make sure that you **check** the **board** periodically for any further changes and updates.

01. What is the purpose of this announcement?

첫 번째 문제는 대부분 **주제와 관련된 문제**가 나온다. 위의 문제는 글의 **목적 purpose**을 물어보는 문제유형으로 앞부분에서 정답이 나온다. 첫 번째 문장에서 '인사' 를 한 후, 두 번째 문장에서 **변경사항 changes**이 있다고 말하고 있다. 따라서 정답은 (B)이다. 이때 만약 해석조차 되지 않을지라도, 앞 두 문장을 듣고 첫 문제에 대한 승부를 빨리 띄어야 한다. 보기 중에 한 단어라도 똑같이 들린 단어는 **changes**밖에 없다.

(B) To report changes to scheduled events

02. When will Dr. Lee's presentation take place?

두 번째 문제는 보기에 **숫자**에 해당하는 시간을 찾는 **세부적인 문제**이다. 두 번째 문제부터 함정이 도사리고 있으므로 속으면 안 된다. 앞의 10시는 처음의 일정이고, 나중으로 미뤄진 시간은 1시이기 때문에 (C)가 정답이다.

(C) At 1 P.M.

03. What does the speaker suggest listeners do?

세 번째 문제는 **요청&제안**하는 문제유형이다. 변경사항들을 게시판에 공지해 놓을 테니, 자주 확인해 보라는 내용이기 때문에 (D)가 정답이다. 만약 모를지라도 제안문제는 Please와 같은 표현 다음에 정답이 나올 가능성이 많고, 마지막 상황이 **bulletin board, information, check**에 관한 내용 밖에 등장하지 않는다.

(D) Check a bulletin board for information

Part 5&6 단문/장문 빈칸 채우기(문법/어휘) (단문-40문제, 장문-12문제)

★ Part 5는 빈칸이 있는 단문을 보고 4개의 보기 중에서 가장 적당한 것을 골라
   완성시키는 문제로 구성된다.

★ Part 6은 빈칸이 있는 장문을 보고 각각의 공란 아래에 제시되어 있는 4개의
   보기 중 가장 적당한 것을 골라 완성시키는 문제로 구성된다.

Part 5&6 핵심 스킬 & 포인트

토익 문제, 전략적으로 접근하자!

Step 1.

보기 먼저 보기

Step 2.

빈칸 앞뒤 보기

이것 하나만
잘 지켜도 점수가
급상승할 거야.
무조건 끊자.
'전접콤마'
앞에서!!

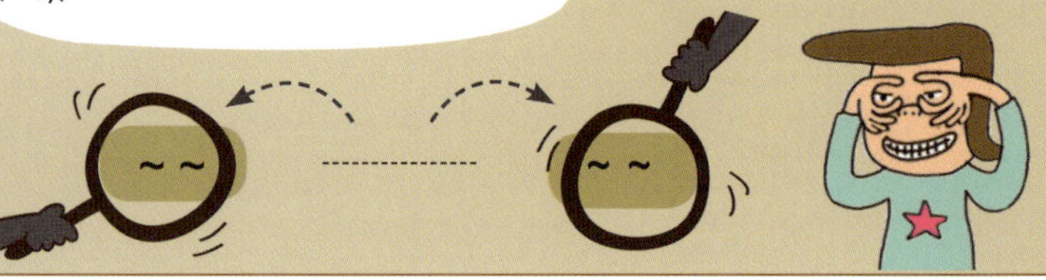

Step 3.

숨은 단서 찾기

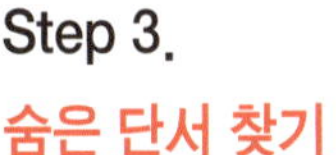

Step 4.

**빠르게
해석하기**

Part 5&6

Q The law firm has __________ **in** environmental issues for over 30 years.

(A) maintained (B) specialized
(C) offered (D) documented intend

① 보기를 통해 의미가 전부 다른 어휘 문제임을 알 수 있다.

② 빈칸 뒤 전치사 in과 어울리는 단어는 보기 중에 specialize밖에 없다.

③ 그 법률 회사는, 전문적으로 해왔다, 환경적인 문제들을, 30년 이상 동안.

(B) specialized

- specialize (동) 전문으로 하다

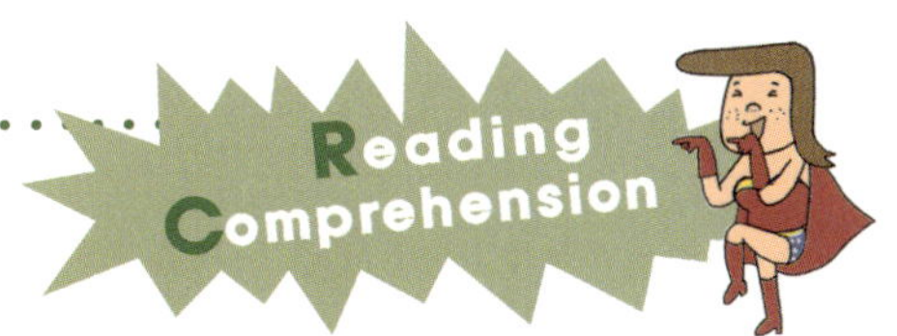

Part 5&6

연습문제

Q Mr. Lee's proposal **is** _________ **brief**.

(A) intend　　　　　　　　　　(B) intended
(C) intentional　　　　　　　　(D) intentionally

해법

① 빈칸 앞에 be동사 is가 있다고, 너무 성급하게 형용사 intentional을 고르지 말자.

② 빈칸 앞을 봤으면 뒤도 꼭 살펴보자. 빈칸 뒤에 형용사 **brief**가 있다.

③ 따라서 형용사 앞은 부사 **intentionally**가 정답이다.

정답

(D) intentionally

- brief　　　(형) 간략한　　(동) 간략히 설명하다

단어의 꼬리를 보면 정답이 보인다.

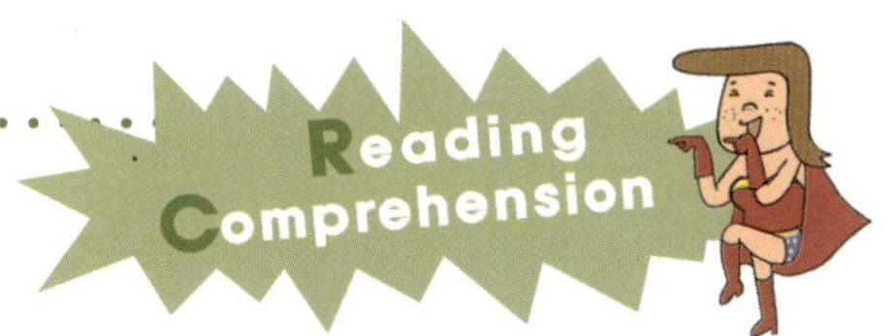

Q All of the employees in the accounting department must **be** __________ **with** data processing.

(A) familiar   (B) familiarly
(C) familiarity   (D) familiarize

해법

① 빈칸 앞에 be동사가 있고, 뒤에 전치사 **with**가 있기 때문에 끊을 수 있다.

② 따라서 빈칸은 형용사 자리다.
   만약 형용사를 모르면 보기 중에 -ly를 삭제하고 남은 것이 형용사다.

③ **familiarity**에서 **-ity**로 끝나면 명사고, **familiarize**에서 **-ize**로 끝나면 동사다.

정답

(A) familiar

- familiar   (형) 익숙한
- familiarly   (부) 익숙하게
- familiarity   (명) 익숙함
- familiarize   (동) 익숙하게 만들다

be동사 다음은 '형용사'

be동사 다음에 여러 가지 품사가 나올 수 있쟎아.
응~. 하지만 토익은 거의 대부분 '형용사'를 묻는 문제가 출제되고 있어.
뒹굴뒹굴
am, are, is, was, were, been
형용사
나르 르를 따르르 르라~~
be + 형용사
자! 여기서 기본 상식 쿠이즈~ 부사와 형용사는 어떻게 구분하지?
부사
ly
형용사
=
흥 그것도 모를까봐? 대부분 형용사에 -ly를 붙인것이 부사쟎아~

Part 5&6

Q The building construction **will be** ______________ at the end of the year.

(A) complete
(C) completes

(B) completion
(D) completely

① **빈칸 앞**에 **be동사**가 있고, **빈칸 뒤**에 **전치사 at**이 있기 때문에 끊을 수 있다.

② be동사 다음에 여러 가지 품사가 나올 수 있는데, 토익은 대부분 '형용사' 가 정답이다.

③ 만약 형용사를 모르면 보기 중에 -ly를 삭제하고 남은 것이 형용사다.

정답 (A) complete

■ complete (동) 완성하다, 작성하다
(형) 완전한

명사 바로 앞의 빈칸은 '형용사'

연습문제

Q The facility provides **the** ____________ **services**.

(A) exception (B) exceptional
(C) exceptionally (D) exceptionality

해법

① 보기의 단어 형태가 비슷하다. 그렇다면 해석하지 않고 풀 수 있다.

② **빈칸 앞**에는 관사 **the**가 나왔고, **뒤**에는 **명사 services**가 나왔다.

③ 따라서 명사 바로 앞의 빈칸은 형용사라는 공식에 따라 **exceptional**이 정답이다.

정답

(B) exceptional

- exception (명) 예외
- exceptional (형) 예외적인, 뛰어난
- exceptionally (부) 예외적으로
- exceptionality (명) 예외, 이례

동사 사이에는 '부사' 가 온다.

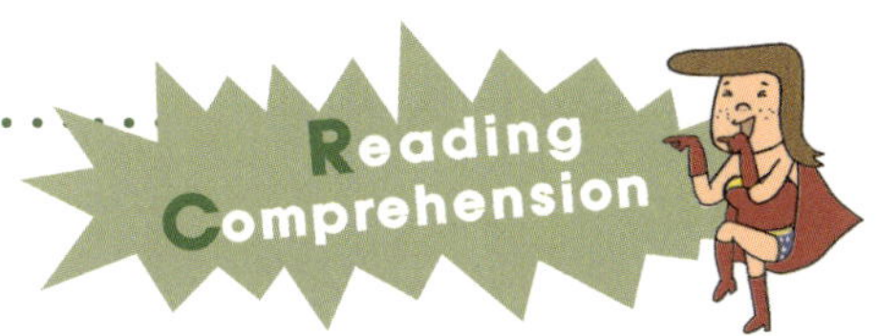

연습문제

Q Noba Pharmaceuticals **has** ___________ **introduced** a new medication to the market.

(A) successfully
(C) successes

(B) successful
(D) success

해법

① **빈칸 앞**에 **has**가 있고, **빈칸 뒤**에는 **과거분사 introduced**가 있다.

② 이렇게 현재완료인 동사 세트 사이에 빈칸이 있을 때는 무조건 부사가 정답이다.

③ 특히 '-ed' 앞에 빈칸이 있을 때 '부사' 가 정답인 경우는 거의 매달 출제되고 있다.

정답 (A) successfully

- success (명) 성공
- succeed (동) 성공하다
- successful (형) 성공적인
- successfully (부) 성공적으로

Please와 조동사 다음의 빈칸은, '동사원형' 이 정답

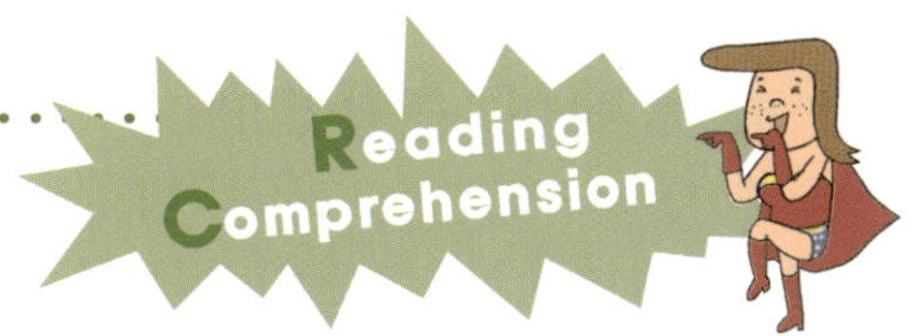

Q If customers ask about this sales, **please** ___________ and offer them additional 10% coupon.

(A) apologizes
(B) apologizing
(C) apologized
(D) apologize

해법

① 빈칸 앞에 **please**가 있다. 따라서 빈칸은 동사원형자리다.

② 단어의 꼬리가 **-fy, -ize, -en**으로 끝나는 단어가 **동사원형**이다.

③ 동사원형이 뭔지 모르겠다면, 보기 중에 '-s, -ed, -ing' 을 삭제하고 남은 것이 정답이다.

정답   (D) apologize

- apology   (명) 사과
- apologize   (동) 사과하다

주의해서 알아야 할 '수량 형용사'

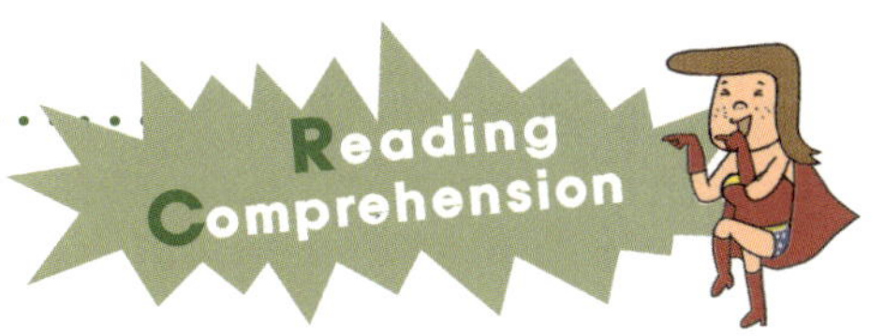

연습문제

Q More workshops will be available in _________ **region** of the country soon.

(A) all (B) every
(C) first (D) many

해법

① **every**는 무조건 **단수개념**을 떠올리자.

② **all, many** 다음에는 **복수명사**가 와야 한다.

③ 빈칸 뒤에 **단수명사** region이 나왔기 때문에 **every**가 정답이다.

정답

(B) every

■ region　　(명) 지역

인칭대명사, 앞뒤에 따라 '격'이 달라진다.

Part 5&6

Q We are processing your order for shipment, but some items may be delivered separately based **on** __________ **availability**.

(A) they   (B) their
(C) them   (D) theirs

해법

① **빈칸 앞**에 **전치사** on이 있고, **빈칸 뒤**에 **명사** availability가 있다.

② 명사 앞은 소유격 **their**가 정답이다.

③ 인칭 대명사 문제 중에서 '소유격' 이 가장 출제 빈도가 높다.

정답

(B) their

■ availability (명) 이용 가능성

관계대명사, 빈칸 앞뒤를 살펴라!

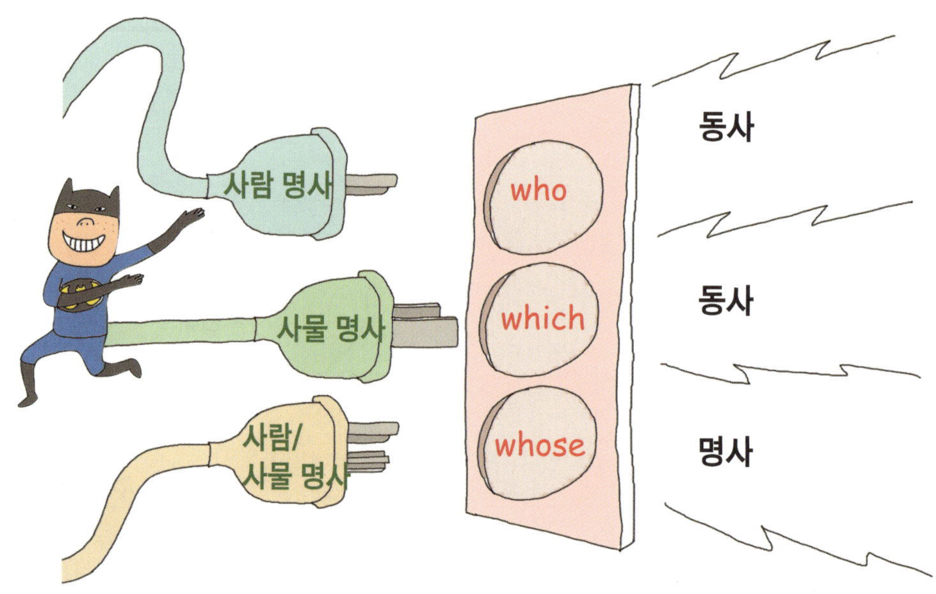

Q Any **guest** ___________ **makes** a reservation before May 20 will receive a free room upgrade.

(A) what
(C) which

(B) whose
(D) who

(A) what → 앞에 명사가 오면 안 된다.

(B) whose → 뒤에 명사가 와야 한다.

(C) which → 앞에 사물명사가 와야 한다.

(D) who → 앞에 사람명사 guest가 나왔고, 뒤에 동사 makes가 나왔기 때문에 정답이다.

정답 (D) who

the가 나오면 '최상급' 이 정답

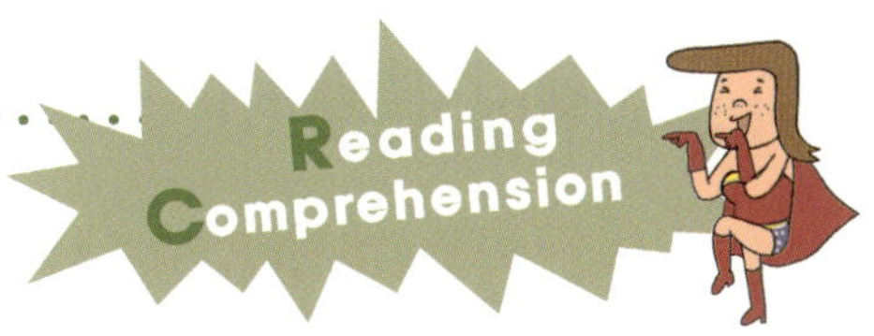

연습문제

Q **Of all the candidates** the manager has interviewed,
Mr. Lee is **the** __________ highly qualified one.

(A) as
(C) more

(B) such
(D) most

해법

① **빈칸 앞에 the**가 있다.

② 문장의 시작에 Of all the candidates가 있다.

③ 따라서 최상급 **most**가 정답이다.

정답

(D) most

- qualified 자격을 갖춘
- candidate 지원자

than이 나오면 '비교급'이 정답

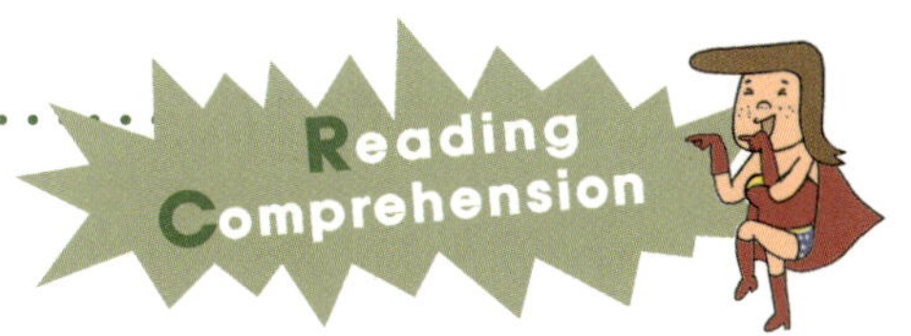

Q Flight 707 took off two hours ____________ **than** expected because of the inclement weather.

(A) late
(B) lately
(C) later
(D) latest

해법

① 보기 중에 비교급과 최상급이 보인다면, 둘 중에 하나가 정답일 가능성이 매우 높다.

② **빈칸 뒤**에 than이 있기 때문에 비교급 **later**가 정답이다.

정답

(C) later

- inclement weather   궂은 날씨

빈칸 다음에 주어와 동사가 나오면
그건 바로 '접속사' 자리

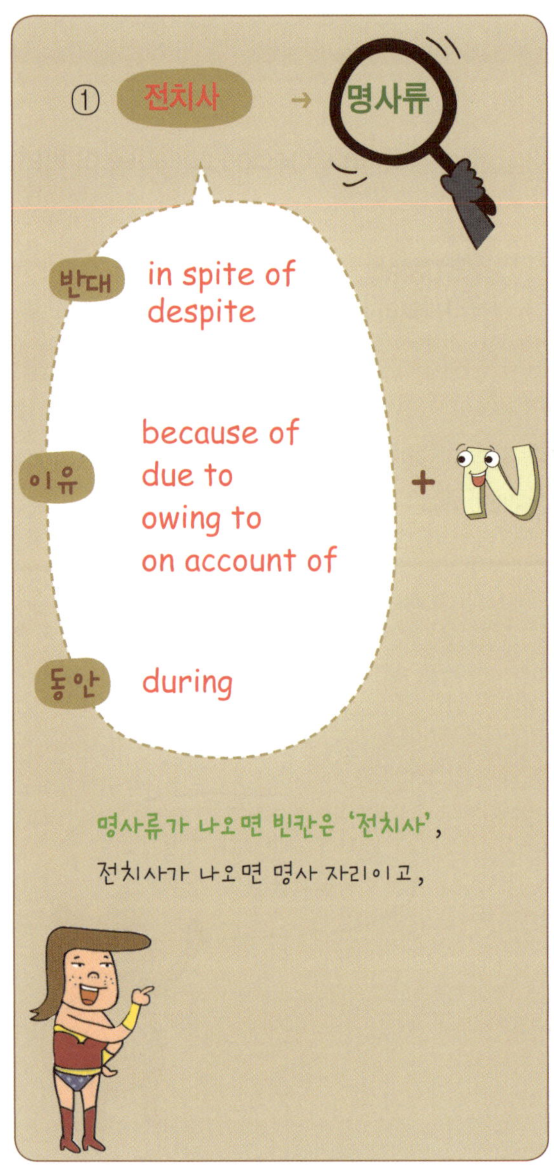

연습문제

Q Mr. Lee has left instructions for his assistant to follow __________ **he is visiting** an overseas branch in China.

(A) throughout   (B) however
(C) during   (D) while

 **해법**

빈칸 다음에 주어와 동사가 나왔기 때문에 빈칸은 접속사가 정답이다.

(A) throughout   →   **~걸쳐서, 내내** 전치사

(B) however   →   **~하지만** 접속부사

(C) during   →   **~동안** 전치사

(D) while   →   **~동안** 접속사

각 단어의 품사만 알아도 해석 하나 없이 **while**이 정답인 것을 알 수 있다.

정답

(D) while

■ instruction   (명) 지지사항, 설명서

상관 접속사, 단서를 빨리 찾아내라!

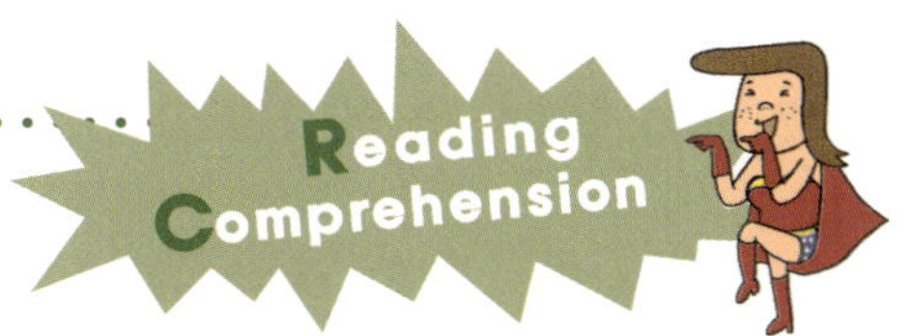

연습문제

Q The Hilton Hotel offers guests **either** a full breakfast at the restaurant
__________ a continental one in the cafeteria.

(A) neither　　　　　　　　　(B) nor
(C) or　　　　　　　　　　　　(D) both

해법

① 보기에 both, either, neither, not only 중에 두 개 이상이 보이면 상관접속사 문제이다.

② 해석하지 말고 앞쪽을 쭉 따라가다가, either를 보는 순간 or를 고르고 다음문제로 빨리 넘어가자.

정답　(C) or

'명사+s' 는 복수 vs '동사+s' 는 단수!

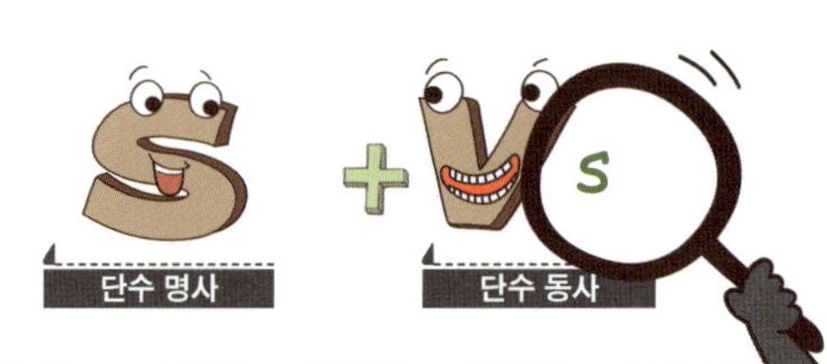

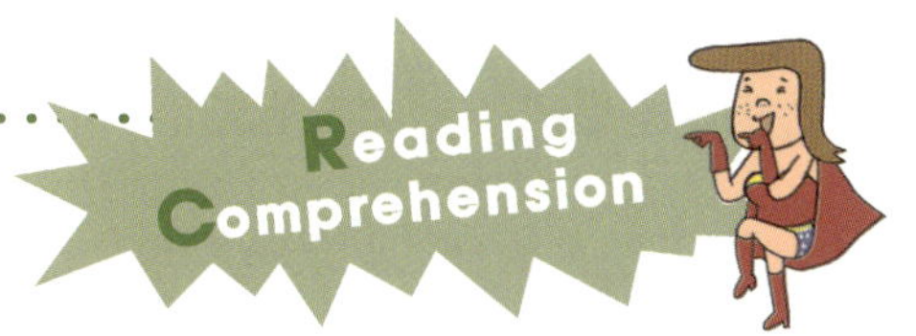

Q **The company** _________ required to obtain written consent to disclose a customer's personal information.

(A) to be   (B) been
(C) are   (D) is

① 빈칸은 주어 다음의 동사 자리이기 때문에 to be와 been은 정답이 될 수 없다.

② 주어가 단수 The company이기 때문에 단수동사 **is**가 정답이다.

정답 (D) is

- written consent   (명) 서면 동의
- disclose   (동) 공개하다

시제공식 1 - 과거 · 현재 · 미래시제

① 문장 앞뒤에 ago, last, yesterday가 보이면 → **과거시제가 정답**

② 문장 앞뒤에 always, usually, every가 보이면 → **현재시제가 정답**

③ 문장 앞뒤에 soon, next, tomorrow가 보이면 → **미래시제가 정답**

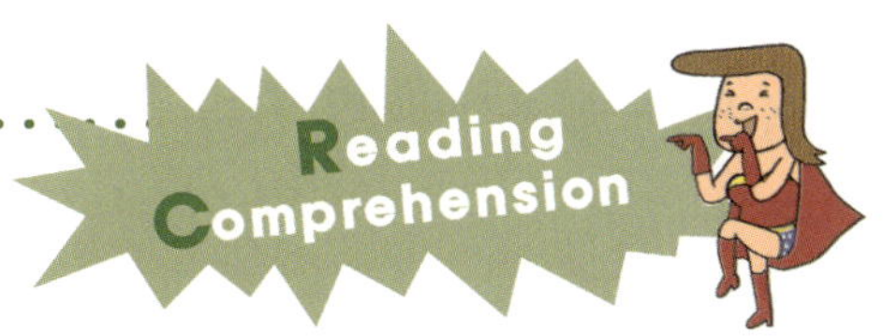

연습문제

Q The two company __________ an agreement on joint project of a new manufacturing system **a month ago**.

(A) reach
(C) reached

(B) will reach
(D) have reached

해법

① (A) 현재, (B) 미래, (C) 과거, (D) 현재완료 → 보기를 살펴보면 시제문제임을 알 수 있다.

② 문장의 앞이나 뒤로 눈길을 돌려 살펴보자.

③ 문장의 맨 마지막에 a month ago 때문에 과거시제 **reached**가 정답이다.

정답

(C) reached

- agreement　　　　　(명) 동의, 합의
- reach an agreement　(숙) 합의에 도달하다

시제공식 2 - 완료시제 3공식

연습문제

Q Hamilton Electrical ____________ a reputation for quality home appliances **since** the company **began** in 1950.

(A) has built

(B) was building

(C) is building

(D) will build

① 보기를 살펴보면 시제문제임을 알 수 있다.

② 문장 중간에 **~이래로**라는 뜻의 since와 과거동사 **began**이 보인다.

③ 따라서 현재완료 **has built**가 정답이다.

정답 (A) has built

■ appliance　(명) 가전제품

work, increase, decrease 다음은 '부사'

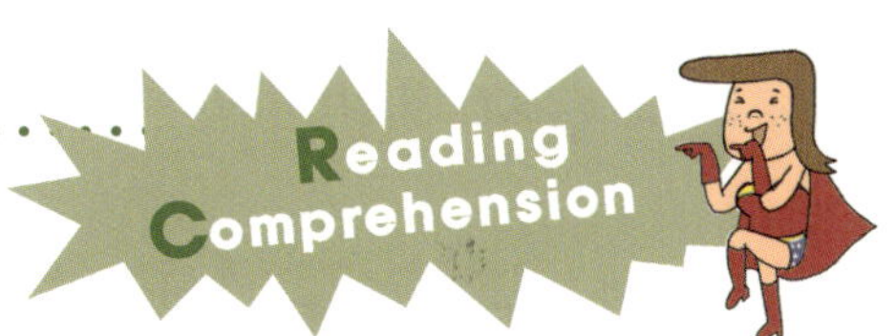

Q You should be willing to **work** __________ with other employees, as team work is an important factor of the program.

(A) collaboratively

(B) collaboration

(C) collaborative

(D) collaborate

해법

① 보기의 단어 형태가 비슷하다면, 해석하지 않고 풀 수 있다는 강력한 표시이다.

② 동사 다음 빈칸을 목적어자리, 즉 명사가 정답이라고 생각할 수도 있을 것이다.

③ 하지만 자동사 work 다음의 빈칸은 부사 **collaboratively**가 정답이다.

정답

(A) collaboratively

- collaborate (동) [함께+일하다] → 협력하다
- collaborative (형) 협력적인
- collaboration (명) 협력
- collaboratively (부) 협력적으로

make, keep, find + 목적어 다음은 '형용사'

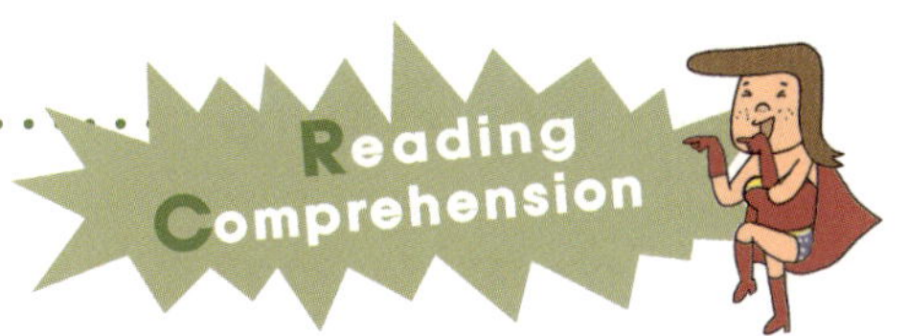

연습문제

Q Health professionals have a duty to **keep** their client's files _________ and blocked from people not working with.

(A) confidentiality
(B) confidence
(C) confidentially
(D) confidential

해법

① 보기를 보면 단어의 형태가 비슷한 어형문제이다.

② 빈칸 앞에 **keep 동사**를 얼마나 빨리 찾아내야가 관건이다.

③ keep +목적어 다음의 빈칸은 형용사 **confidential**이 정답이다.

정답 (D) confidential

- confidential (형) 기밀의
- confidentiality (명) 기밀
- confident (형) 자신감 있는
- confidence (명) 자신감

allow, ask, enable + 목적어
다음은 'to + 동사원형'

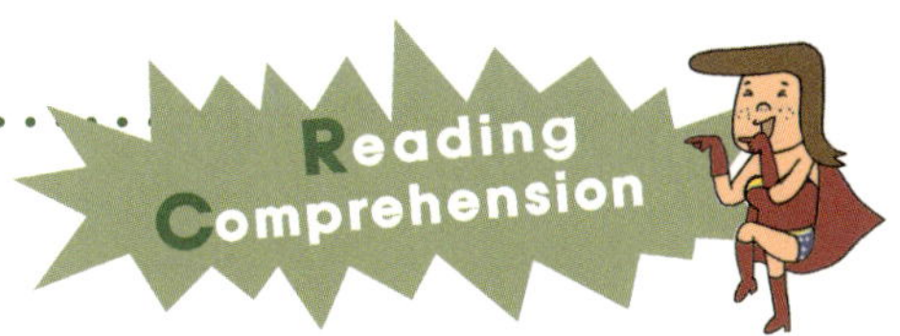

연습문제

Q The latest technologies would __________ the company **to foresee** problems and take immediate actions.

(A) prohibit (B) prefer
(C) enable (D) keep

해법

① 보기의 뜻이 다 틀린 어휘문제이다.

② 하지만 빈칸 뒤에 to부정사 **to foresee**가 올 수 있는 동사는 보기 중에 enable 밖에 없다.

③ 이렇게 해석하지 않고 문장 구조만 알고도 쉽게 정답을 고를 수 있다.

정답

(C) enable

help, let + 목적어 다음은 '동사원형'

Q If you should have any questions during the lecture, please **let** me ________ promptly after my speech.

(A) know
(B) to know
(C) knowing
(D) be known

해법

let +목적어 다음의 빈칸은 동사원형 **know**가 정답이다.

정답

(A) know

to 다음에 빈칸이 있으면 '동사원형 or 동명사'

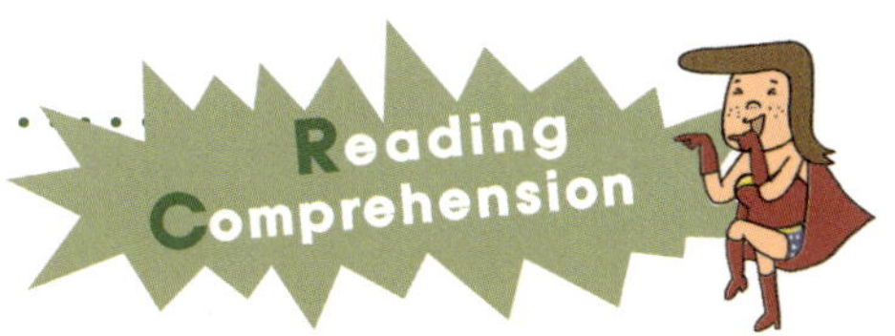

Q Many people are joining us **to** __________ the final day of Summer Festival.

(A) celebrate　　　　　　　　(B) celebrates
(C) celebrating　　　　　　　(D) celebration

Part 5&6

해법

① 빈칸 앞에 to가 부정사인지 전치사인지를 판단해야 한다.

② '주어+동사+목적어' 순의 문장구조 다음에 to가 나왔으므로
여기서는 **~하기 위해서** 를 의미하는 부정사로 쓰였다.

③ 따라서 동사원형 **celebrate**가 정답이다.

정답

(A) celebrate

- celebrate　　(동) 축하하다

반드시 알아야 할 중요한 '필수 형용사'

연습문제

Q **It is** ________ that the cooperation and goodwill of the profession **be regained**.

(A) decisive
(B) willing
(C) imperative
(D) resourceful

해 법

① 가주어 It으로 시작하고 be동사 is가 있기 때문에 빈칸은 형용사자리이다.

② 뒤에 동사원형 be regained가 있다.

③ 따라서 정답은 imperative이다.

정 답

(C) imperative

- imperative (형) 반드시 해야 하는

요구 · 제안 · 명령 동사 다음은 '동사원형'

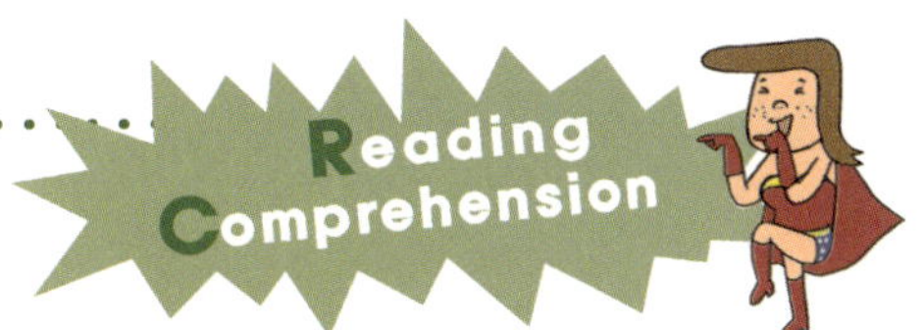

Q The director **has requested** that the monthly meeting __________ until next week.

(A) be postponed   (B) postponed
(C) will postpone   (D) has been postponing

해법

① that절 앞에 요구 동사가 있으면 시제나 단 · 복수를 무시하고 빈칸은 동사원형이 정답이다.

② that절 앞에 동사 **request**가 나왔다. 따라서 동사원형 **be postponed**가 정답이다.

③ 문장 중에 갑자기 동사원형 be가 나온다면 조동사 should가 생략된 문장이다.

정답   (A) be postponed

전치사 + '동명사' + 명사

빈칸 앞에 전치사가 나오면 그 빈칸은 명사가 답이지?
전치사 + N
명사
끊어!

그런데 빈칸 앞에 전치사가 나오고, 빈칸 뒤에 바로 명사가 오면 동명사가 정답이 돼.
전치사 + 동명사 + N
명사
빈칸 뒤에 끊기는지 그렇지 않은지가 중요하겠네.

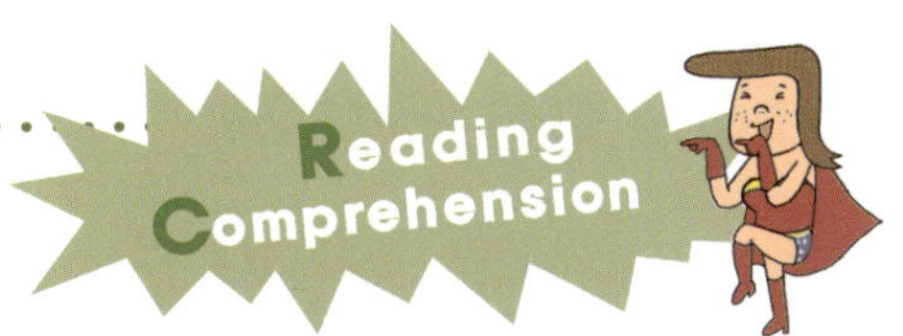

Q Our company earns strong customer loyalty **by __________ the durability** of all our products even after a warranty expires.

(A) guarantee

(B) guaranteed

(C) guaranteing

(D) guarantees

① 보기의 단어 형태가 비슷하면 해석하지 않고 풀 수 있다.

② 빈칸 앞에 전치사 **by**가 있고, 빈칸 뒤에 바로 명사 **the durability**가 나왔다.

③ 따라서 빈칸은 **동사+ing**형태, 즉 동명사 **guaranteing**이 정답이다.

정답

(C) guaranteing

- guarantee　(명) 보증
　　　　　　　(동) 보증하다

Part 5&6

Who 앞의 빈칸은 'Those' 가 정답

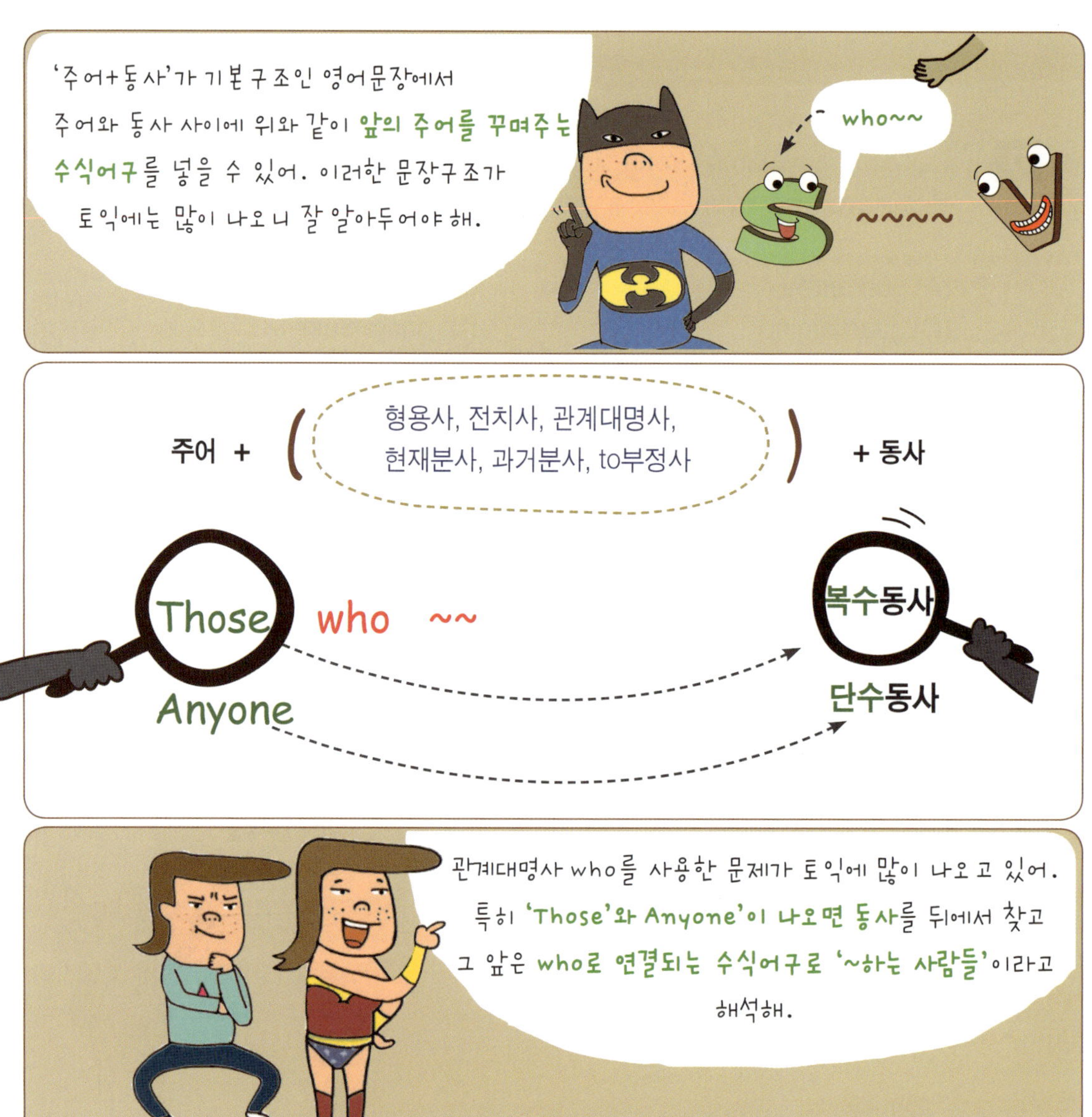

연습문제

Q _________ **who** are participating in the training session should report to Room B.

(A) Those　　　　　　　(B) That
(C) Them　　　　　　　(D) This

 해법
① 빈칸 뒤에 **who**가 있고 수식어구가 나오고 저 멀리 동사 **should report**가 있다.

② 이때 '사람들' 에 해당하는 단어인 Those와 Anyone을 떠올린다.

③ 시험에 자주 나오는 **~하는 사람들** Those who 덩어리표현을 암기하자.

정답　　(A) Those

Part 7 지문 읽고 문제 풀기(독해) (48문제)

★ 다양한 장르의 1개의 단일 지문, 서로 연관되어 있는 2개의 복수 지문을 읽고
  질문에 답하는 문제로 구성된다.

★ 제시된 문장에 대해서 몇 개의 질문이 주어지고 각 질문을 읽고 4개의 보기 중
  적당한 것을 선택한다.

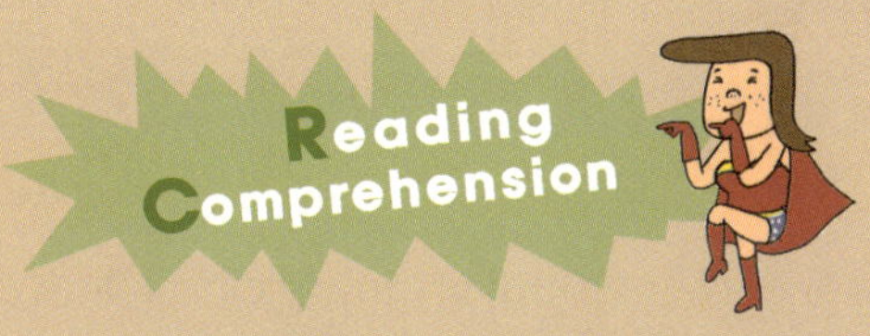

Part 7 핵심 스킬 & 포인트

토익 독해에 필요한 5가지

1. 패러프레이징 어휘력
- 정답을 찾아낼 수 있는 힘

보기 4개 중에 하나가 정답이고, 3개가 오답인데 이중 결정적인 함정을 하나 만들어 놓는다.
절대 함정에 속지 말고 어떻게 말을 바꾸는지 알아차려야 한다. 대충 해석하게 되면 출제자가
교묘하게 만들어 놓은 장치인 함정에 속을 수 있음으로 주의하자.

• 정답은 재표현

• 오답은 재사용

• 정답이 잘 되는 단어

• 함정으로 잘 나오는 단어

★ 정답은 대부분 다른 말로 바뀌어 나온다.

토익 Part7 독해 문제의 정답은 **지문에서 사용했던 단어가 그대로 나오지 않고 거의 대부분 다른 단어로 변신 되어 나온다.** 예를 들면 지문에 나온 **discount** 라는 단어는 보기에서 **reduced price** 줄어든 가격 이나, **markdown** 가격 할인과 같은 다른 단어로 바뀌어 정답으로 출제된다.

2. 문장구조 분석력과 검색능력
  - 덩어리 별로 차례차례 읽어 나가면서, 필요한 정보를 빠르게 찾아 낼 수 있는 능력

★ 문장구조 분석

★ <u>Please be aware that</u>　<u>any unpaid fees</u>　<u>must be paid</u>
　　　　　① 　　　　　　　　　② 　　　　　③

<u>in full</u>　　<u>before you may receive</u>　<u>your new card</u>.
　④ 　　　　　⑤ 　　　　　　　⑥

① 유념하시기 바랍니다　② 어떤 미지불된 요금도　③ 반드시 지불 되어야 합니다
④ 전액　　　　　　　　　⑤ 귀하가 받을 수 있기 전에　⑥ 새로운 카드를

• 대표적인 속독기술

마치 갈매기가 바다 위의 먹이를 쪼아 먹기 위해 수면을 스치며 날아다니는 것처럼 **지문의 전체를 살핀 다음 자신에게 중요하다고 생각되는 부분을 골라 자세하게 읽거나**, 두꺼운 전화번호부 책에서 친구의 전화번호를 찾는 것처럼, 다른 것에는 눈길도 주지 않고, 내가 원하는 목표물을 향해 일직선으로 나아가 찾아내는 방법이야.

위와 같이 목적에 따라 필요한 정보를 찾아내는 검색능력을 키우기 위해서는 **평상시에는 정확하게 덩어리별로 차례차례 해석하는 연습이 필요하고**, 시험장에서는 **빠르게 내가 필요한 정보만을 골라 읽어낼 수 있는 순발력이 중요해.**

3. 첫 문장을 통한 스토리 예측력
- 첫 문장을 읽고 앞으로의 글의 흐름을 예상할 수 있는 힘

★ **첫 문제는 앞부분에서 정답이 나온다.**

★ **I am writing** 저는 이 편지를 쓰고 있습니다, **to express my interest** 저의 관심을 표현하기 위해서, **in the supervisor position** 관리 직책에 있어서, **posted in the Web site.** 웹사이트에 공지된.

위의 글은 '구인광고 job advertisement' 를 보고 '관리직 supervisor position' 에 '지원 apply for' 을 하는 '지원자 applicant' 가 보내는 글이다. 따라서 뒤에 나올 내용은 자신의 '이전의 previous' 여러 '경력사항들 experience' 을 나열할 것이고, '이력서 resume' 와 '자기소개서 cover letter' 또는 '추천서 reference' 와 같은 문서들도 '첨부 attached' 했다는 내용이 나올 것이다.

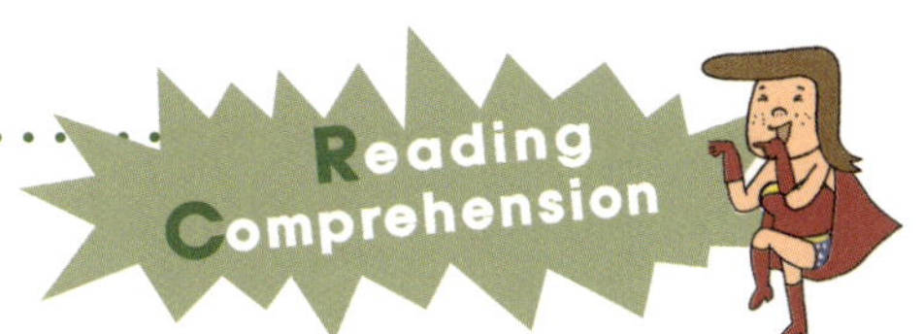

4. 문제유형 파악력과 대처능력
- 문제를 보자마자 바로 유형을 파악할 수 있는 힘

아래의 6가지의 유형이 계속 반복적으로 나온다. 따라서 문제를 분석할 때, 해석하는 것이 아니라 키워드를 보고 무슨 유형의 문제인지 알아차리고, 어느 부분에 정답이 나오고 어떻게 풀어야겠다는 전략까지 세울 수 있어야 한다.

★ 6가지 문제 유형

(1) What is the **purpose** of this letter?

(2) What is scheduled to happen **in room 101**?

(3) What is the company **asked** to do?

(4) What is **indicated** about Mr. Gupta?

(5) What is **NOT mentioned** about the shipping policy?

(6) **The word** "selection" in paragraph 3, line 5 ….

(1) **목적 문제**	→	**정답**은 **앞부분**에서 나온다.
(2) **세부사항 문제**	→	**숫자 주변**에서 **정답**이 나온다.
(3) **요청 문제**	→	**뒷부분**에서 **요청표현 다음**에 **정답**이 나온다.
(4) **유추 문제**	→	약간 어려울 수 있고, **함정에 속지 말자**.
(5) **NOT**	→	하나씩 꼼꼼하게 **소거법**을 적용하자.
(6) **동의어 문제**	→	문장의 **문맥적 의미**를 파악해야 한다.

5. 시간 조절력
 - 어려운 문제는 과감하게 포기 할 줄 아는 힘

핵심문제유형 삼총사

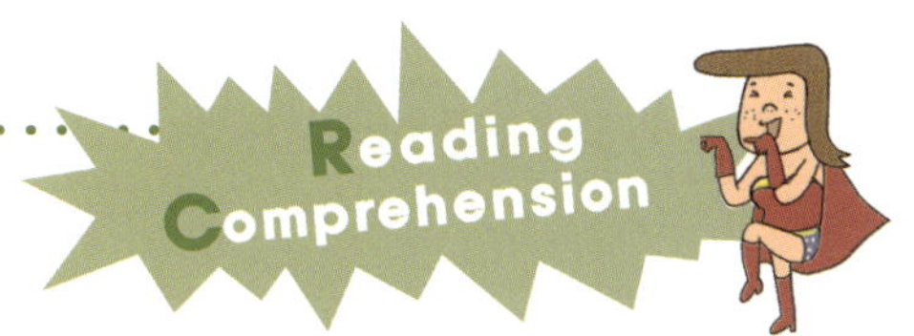

1. 주제, 목적 문제

What is this notice **about**?

What is this article mainly **discussing**?

Why was this memo **written**?

What is the **purpose** of this letter?

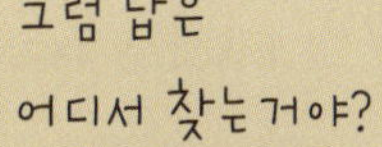

아래의 표현들은 **주제 문제**에 대한 강력한 신호임을 알아차리자.

I am writing to inform you that ~	저는 귀하에게 알리기 위해 편지를 쓰고 있습니다.
I would like to recommend that ~	저는 추천해 주고 싶습니다.
We are pleased to announce that ~	저희는 알리게 되어서 기쁩니다.

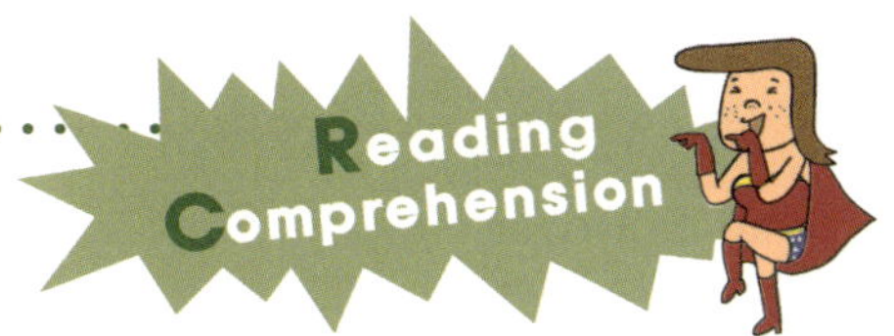

I'd like to express my gratitude to you and your staff
② ③

for all your assistance during our seminar last weekend.

Q What is the main **purpose** of this e-mail?
①

① 질문 파악하기

문제의 **purpose**를 보자마자, 문제유형은 **목적**을 물어 보는 문제이고 정답은 앞부분에서 나올 것이라는 것을 예상할 수 있다.

② 지문 스캔하기

지문의 **I'd like to ~** 다음에 주제나 목적을 물어보는 문제에 대한 단서가 많이 등장한다.

③ 정답 고르기

토익 독해는 똑같은 단어가 아니라 대부분 동의어로 변신되어 정답으로 나오게 된다. **감사**를 의미하는 **gratitude**가 **thank**라는 단어로 변신되어 정답으로 나오고 있다.

정답

To thank a hotel for its service.

- express   [밖으로+누르다] → 급행의 → 표현하다
- gratitude   (명) 감사

2. 세부사항 문제

문제를 분석할 때 **핵심어 Key word**가 되는 단어를 찾아내는 것이 가장 중요하다.
이때 핵심어가 되는 단어는 고유명사에 해당하는 **이름**과 **숫자**에 해당하는 단어가 나오면 무조건
중요하다.

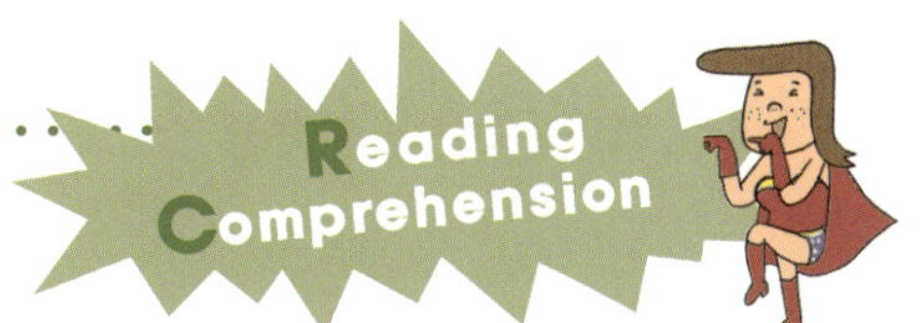

A buffet dinner will be held **in room 101** after the final lecture. ②

All students and **faculty** are welcome to attend. ③

Q What is scheduled to happen **in room 101**? ①

해법

① 질문 파악하기
문제를 분석할 때 **이름**이나 **숫자**가 나오면 무조건 가장 중요한 **키워드**가 된다. 위의 질문에서는 room 101이 키워드이다. 이 핵심어를 중심으로 앞이나 뒤에서 반드시 정답이 나오게 되어 있다.

② 지문 스캔하기
지문으로 올라가서 빠른 속도로 훑어 나가다가 room 101이라는 단서를 보자마자 그 언저리 부분을 집중적으로 살펴보자.

③ 정답 고르기
이때 똑같은 단어가 아니라 대부분 동의어로 변신되어 정답으로 나오게 된다. 지문의 buffet dinner를 정답에서는 meal로, faculty를 professors로 각각 변신 시켜서 정답으로 나왔다.

정답

Students and professors will enjoy a meal.

- faculty　　　(명) 교수진
- professor　　(명) 교수

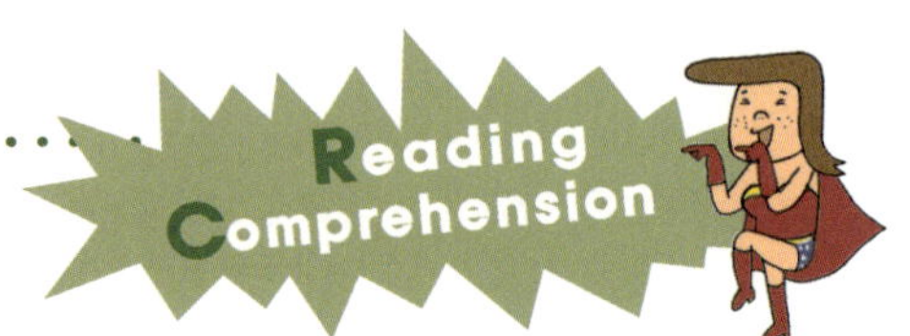

3. 요청, 제안 문제

What is the company **asked** to do?

What is the members **recommended** to do?

What are the managers **encouraged** to do?

What does Mr. Lee **offer** to do?

위의 붉은색으로 표시된 단어만 봐도 요청, 제안 문제라는 것을 알아차려야한다.

토익 지문의 가장 대표적인 문제구성은 ① **주제/목적 → ② 세부사항 → ③ 요청/제안**의 순서로 구성되어 있다. 따라서 무엇을 요청하거나 제안하는 문제는 지문의 뒷부분에서 정답이 나온다. 마지막 단락에서 아래와 같은 표현이 있는지 확인하자. 특히 Please로 시작하는 명령문 문장이 있다면 정답이 나온다는 신호로 받아들이고 집중적으로 읽어보자.

Please ~

You should/must/have to ~

You are asked to do

Could / Would you ~

Why don't you ~

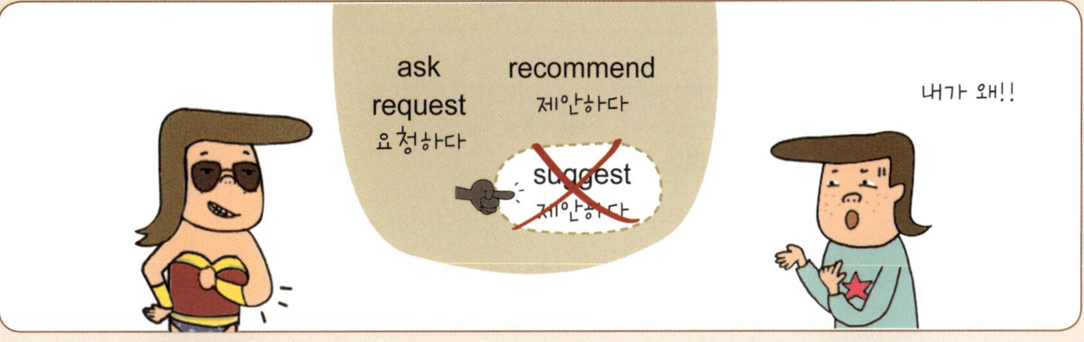

★ **What is suggested about the February newsletter?**
2월호 사보에 대해서 무엇을 유추할 수 있는가?

If our offer is acceptable to you, **please** sign the enclosed **contract**
②   ③
and return it by Friday, April 30.

Q What is Mr. Simpson **asked to do**?
①

해법

① **질문 파악하기**
질문의 **asked to do**를 보자마자, 요청문제라는 것을 알 수 있다.

② **지문 스캔하기**
요청문제는 **If S+V~, please 동사원형**의 구문에서 대부분 정답이 나온다.

③ **정답 고르기**
please 다음에 나온 내용이 정답으로 나왔고, 계약서 **contract**를 일반화 시킨 단어인
document로 변신되어 정답이 되고 있다.

정답

(A) Sign and return a document.

토익 Part4 vs. Part7

Part4와 Part7 비교분석

지문 초반부에 첫 번째 문제의 정답의 단서가 등장하고,
그 다음 두 번째 문제의 단서,
그리고 맨 마지막 부분에 세 번째 문제의 정답의 단서가 나와.
이 원리를 잘 알고 순서대로 문제를 푸는 연습을 해.
이 원칙이 리딩 (Reading)부분의 Part7에서도
동일하게 적용돼.

Good morning, Ms. Waldron. This is Marie from Chen Photography. I'm calling because the photographs I took on Monday at your business have not been processed. So I'd like to schedule a meeting to discuss which ones you'd like to use in your new brochure. Once we do that, I'll put the photos you've selected on to a desk and send them to your printing service. I know that your deadline is approaching soon, so if you'd like to arrange for a meeting this afternoon, or sometime tomorrow, please give me a call as soon as possible. Thank you. Good bye

01. Where most likely does the speaker work?

(A) A computer store (B) A photography studio

(C) An advertising agency (D) A post office

02. What does the speaker say happened on Monday?

(A) She took some photographs (B) She received a telephone message

(C) She missed a deadline (D) She printed some marketing materials

03. What does the speaker suggest the listener do?

(A) Call for a brochure (B) Track a package online

(C) Contact customer service (D) Schedule a meeting

Notice

ABC International Airport would like to inform passengers that high speed wireless Internet access has recently been installed throughout the airport. Our wireless service is very easy to use so you can sen or receive e-mail 24 hours a day. Of course, the service is complimentary. All you need is your personal computer.

If you do not have a computer, computer stations are located throughout Terminal D for your convenience and marked by yellow sign. This service is available at the small charge of one dollar per thirty minutes and is accessible 7 days a week from 6 A.M. until midnight.

If you need more information or technical assistance, come to our Help Desk, located at Gate 8 in Terminal D. We are pleased to do all we can to satisfy you.

001. What is the purpose of this notice?

(A) To inform directions

(B) To advertise a new computer

(C) To publicize a service

(D) To acquire for help

002. What dose the notice say about the computer stations?

(A) They can be used free of charge.

(B) They are available 24 hours a day.

(C) They located in Terminal D.

(D) They are indicated with red signs.

003. What are users asked to do when they need help?

(A) Contact the computer manager

(B) Go to Gate 8

(C) Send an e-mail to an airport manager

(D) Call the computer service center

[첫 번째 문제유형] - 일반적인 문제 - 화자, 청자 / 주제, 목적 / 업종, 장소

Part 4

첫 두 문장 안에 정답이 나온다.

대부분 그대로 정답이 나온다.

모르겠다면 보기(A)(B)(C)(D)를 보고 있다가 들리는 대로 바로 찍어라!

VS

Part 7

첫 두 문장 안에 정답이 나온다.

조금이라도 바꿔야 직성이 풀린다.

그대로 나오기 보다는 대부분 동의어로 변신 된다!

Part 4 - 첫번째 문제

Good morning, Ms. Waldron. This is Marie **from Chen** photography.

Q **Where** most likely does the speaker **work**?

(A) A computer store
(C) An advertising agency
(B) A **photography** studio
(D) A post office

첫 문장 **photography**를 그대로 사용해서 정답이 나오고 있다.

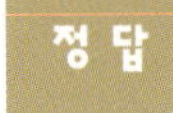

(B) A photography studio

- photography　　(명) 사진촬영
- photograph　　(명) 사진

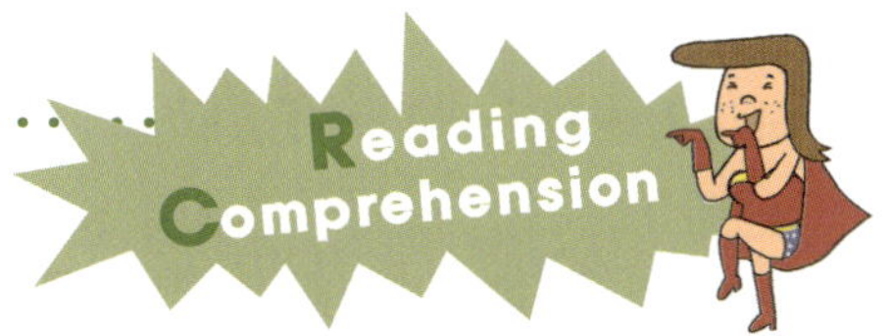

Notice

ABC International Airport would like to inform passengers that high speed

wireless Internet access has recently been installed throughout the airport.
Our wireless service is very easy to use so you can send or receive e-mail 24
hours a day. Of course, the service is complimentary. All you need is your personal
computer.

Q What is the purpose of this notice?

(A) To inform directions   (B) To advertise a new computer
(C) To publicize a service   (D) To acquire for help

보기에 지문에 썼던 **inform, computer**와 같은 단어를 다시 사용하여 오답을 만들었다.
공항에 무료 인터넷 서비스를 홍보하는 글이기 때문에 (C)가 정답이다.

(C) To publicize a service

- [publicize = 일반사람들 (public) + 동사꼬리 (ize)] :
  알리다 (inform) → 홍보하다 (=promote) → 광고하다 (=advertise)

[두 번째 문제유형] - 구체적인 문제 - 핵심키워드 : 이름, 숫자, 시간, 장소

Part 4
청력 테스트

먼저 문제의 키워드와 보기를 보고 있다가 단서가 나오는 순간, 독수리가 먹이를 낚아채듯이 정답을 고른다! 첫 번째 문제의 정답이 나온 후 두 번째 문제의 정답이 바로 뒤이어 나올 수 있다는 것을 항상 명심하자!

VS

Part 7
시력 테스트

먼저 문제의 이름과 숫자와 같은 키워드에 동그라미를 치고, 빠르게 검색을 하면서 추격을 하듯이 순서대로 정답을 고른다! NOT, True 문제는 꼼꼼하게 하나씩 제거하는 소거법을 적용시킨다.

Part 4 - 두번째 문제

I'm calling because the photographs I took on Monday at your business have not been processed.

Q What does the speaker say happened on Monday ?

(A) She took some **photographs.**
(B) She received a telephone message.
(C) She missed a deadline.
(D) She printed some marketing materials.

첫 번째 문제 다음에 바로 뒤이어서 두 번째 문제 정답이 나오고 있고, 이름과 숫자와 같은 키워드 앞뒤에서 정답의 단서가 등장하는데, 고유명사인 **on Monday** 바로 앞에 정답의 단서가 나왔다.

(A) She took some photographs.

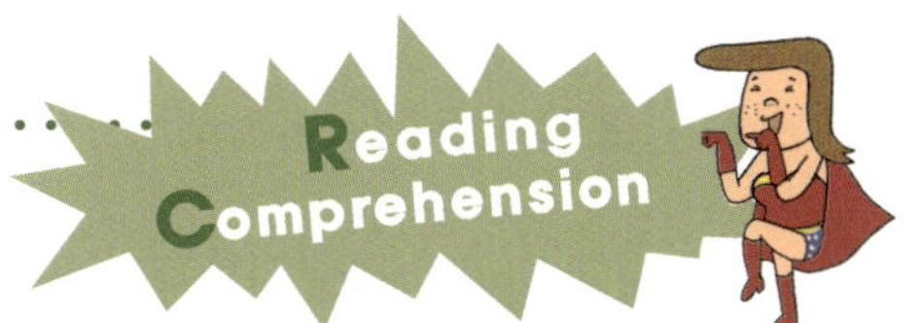

If you do not have a computer, **computer stations** **are located throughout**

Terminal D for your convenience and marked by yellow sign. This service is
(C)   (D)

available at the small charge of one dollar per thirty minutes and is accessible 7
(A)

days a week from 6 A.M. until midnight.
(B)

Q What dose the notice say about the **computer stations** ?

(A) They can be used free of charge.
(B) They are available 24 hours a day.
(C) **They located in Terminal D.**
(D) They are indicated with red signs.

해법

(A) **무료가** 아니라 **1달러의 요금**을 받는다고 나왔다.
(B) **하루 종일 24시간** 이용할 수 있는 게 아니라, **아침 6시부터 저녁12시까지** 이용할 수 있다.
(C) Terminal D에서 위치해 있다고 했기 때문에 정답이다.
(D) 빨간색 red 이 아니라 노란색 yellow 으로 표시되어 있다.

정답

(C) They located in Terminal D.

[세 번째 문제유형] - 다음 행동 문제 - 요구제안, 다음일정 문제

Part 4
요구제안

ask, request, recommend, suggest

→ Please ···

　Could you ···

정답의 단서가 되는 표현들 다음에
정답이 나온다.

will do next
→ 맨 끝에 정답이 나온다는 신호이다.

VS

Part 7
요구제안 + IE

ask, request, recommend, suggest
　　　　　　　　　　+ invite, encourage

→ Please ···

　You should / must / have to ···

　You are asked/requested ···

will happen ···
→ 미래 상황은 후반부에 정답이 나온다.

Part 4 - 세번째 문제

so **if you'd like to arrange for a meeting** this afternoon, or sometime tomorrow,

please give me a call as soon as possible. Thank you. Good bye.

Q What does the speaker suggest the listener do?

(A) Call for a brochure
(B) Track a package online
(C) Contact customer service
(D) **Schedule a meeting**

해법 LC는 세 문제 중에서 한 문제정도는 패러프레이징, 즉 동의어로 변신되어 정답이 나온다. **arrange for a meeting**이 schedule a meeting으로 바뀌어 나왔다. Part 7 독해부분은 90% 이상 **패러프레이징**된다. 하지만 Part 3, 4에서는 들린 단어가 그대로 정답인 경우가 훨씬 더 많다. 듣기에서는 약 40% 정도만 패러프레이징된다.

정답 (D) Schedule a meeting

■ arrange　(동) 배열하다 → 정리하다 → 준비하다

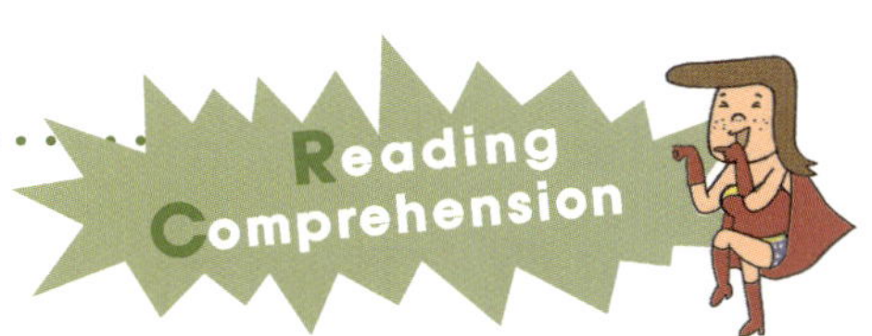

Part 7 - 세번째 문제

If you need more information or technical assistance, come to our Help Desk,
단서   정답
located at Gate 8 in Terminal D. We are pleased to do all we can to satisfy you.

Q What are users asked to do when they need help?

(A) Contact the computer manager
(B) Go to Gate 8
(C) Send an e-mail to an airport manager
(D) Call the computer service center

해법 문제를 분석할 때, **if, when, before, after**와 같은 접속사들이 있을 때 그 부분이 가장 중요한 핵심어가 된다. 따라서 지문 속에서 **when they need help**에 해당하는 부분이 나와 있을 것이다. **그 언저리 부분을 집중적으로 살펴보면** 쉽게 정답이 나올 것이다.

정답 (B) Go to Gate 8

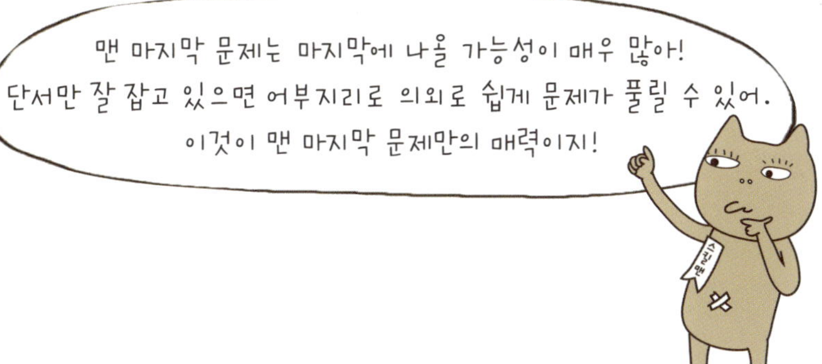

이 문제를 맞혀야 진정한 토익 독해 고수

1. 유추 문제

질문에 most likely, probably, indicate, suggest, infer, imply가 나오면 유추문제라는 것을 단박에 알아차려야 한다. 이때 유추문제라 할지라도 3가지로 난이도가 나눠진다.

Who is **most likely** Mr. Johnson?

Why did Mr. Wong **probably** fill out the form?

What is **indicated** about the event?

What is **suggested** about Mr. Brown?

What is **inferred** from this article?

What is **implied** about the workshop?

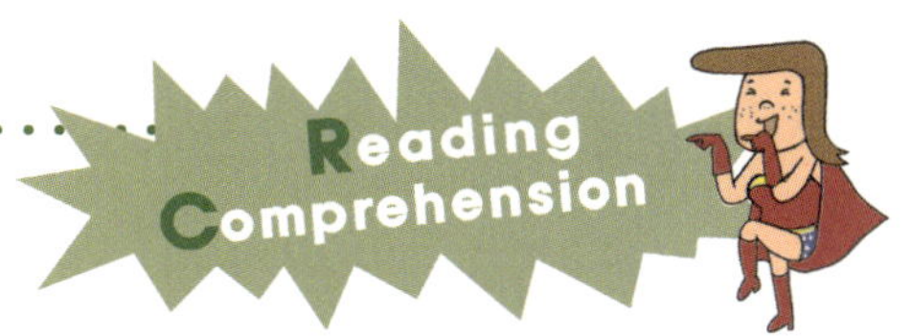

* most likely 가장 가능성이 있는, * probably 아마도

likely는 부사처럼 보이지만 형용사이다.
be likely to로 형태로 쓰여 ~**할 것 같은**으로
해석되거나 likely 단독적으로 쓰여서 **그럴
듯한**이란 뜻으로 사용된다. probably는 확
실하지는 않지만 **아마도**라는 뜻이다.
하지만 질문에서 most likely나 probably가
보이면 사전적인 의미가 중요한 것이 아니라
쉬운 유추문제라는 사실이 중요하다.

* indicate 시사하다, * suggest 암시하다

(손가락으로) 가리키다 → 나타내다, 보여주다
→ 내비치다, 시사하다

제안하다 → 추천하다 → 넌지시 말하다 → 암시하다

'지시하다' 를 의미하는 indicate와 '제안하다' 를 의미하는 suggest를 Part7 독해문제에서 만나
게 되면 사전적인 의미로 직역하는 것이 아니라, 약간 까다로운 유추문제라는 것이 중요하다.
또한 indicated about, suggested about 다음에 나온 말이 핵심어가 된다.

이렇듯 직접 적으로 말하지 않고 빙빙 돌려서 전달한 것의 속뜻을 알아차린다는 의미로 토익 Part7에서 imply나 infer가 등장하면 굉장히 어려울 수 있는 유추문제라는 것을 빨리 알아차리자. 그래서 만약 문제가 잘 풀리지 않는다면 너무 오랫동안 시간을 낭비하지 말고, 모르겠으면 빨리 포기하고 다음문제로 넘어가는 전략도 필요하다.

1.
매우 쉬운
유추문제

2.
약간 까다로운
유추문제

3.
엄청 어려운
유추문제

2. 사실 확인 문제

What is true about the event on May 20?

What is mentioned about the shipping policy?

What is stated about Everett Menswear?

3. NOT 문제

Who is **NOT** most likely Mr. Johnson?

What is **NOT** indicated about the event?

What is **NOT** suggested about Mr. Brown?

What is **NOT** true about the event on May 20?

What is **NOT** mentioned in this letter?

What is **NOT** stated about Everett Menswear?

*** 질문에 NOT이 들어가 있다면? 보기까지 미리 읽어둬라.**

Part7의 보기를 모두 읽어 둘 수는 없어. 또한 그럴 필요도 없어. 하지만 적어도 NOT이 들어간 문제만큼은, 미리 보기를 읽은 상태에서 지문과 하나씩 대조해 가면서 소거해.

이때 보기가 본문의 내용과 완전히 다르지 않고, 지문에 나온 단어를 다시 사용함으로써 아주 살짝만 틀리게 함정을 만들어. 그래서 대충 해석하면 전부 맞는 것처럼 느껴져.
대충 느낌만으로 찍으면 틀릴 수 있기 때문에 항상 주의를 해야 해.

ABC TRAVEL
11 Main St.
North Wood, AT 0483
1-888-666-9768

Mr. Andy Brown   May 1
38 Avenue Lane
East Wood, AT 9890
Account Number: 3839

Dear Mr. Brown

You can find the enclosed ticket for your June 15 flight to Spain. We recommend that you arrive at the airport two hours before your flight departs. Along with your plane ticket, I have enclosed a copy of your final itinerary and the luggage tags that you will need for your travel. All the fees have been charged to your credit card, as you requested before. Please note that a charge of $ 220.00 has been added for the meal plan you chose for your stay at the hotel. We would like to remind you that you are responsible for obtaining travel visas. Feel free to contact me so that I can review the information with you or answer any questions you may have.

001. Who most likely wrote this letter?

(A) A hotel employee
(B) A travel agent
(C) A tour guide
(D) A flight attendant

002. According to the letter, what will happen on June 15?

(A) The itinerary will be finalized.
(B) The tour will be advertised to the public.
(C) A charge will be paid to a credit card.
(D) Mr. Brown will leave for Spain.

003. What is NOT attached with the letter?

(A) Suitcase labels
(B) A tour schedule
(C) Travel visas
(D) An airplane ticket

004. For what has Mr. Brown been charged extra money?

(A) A meal plan
(B) A replacement ticket
(C) Transportation to the airport
(D) Heavy baggage

ABC TRAVEL

11 Main St.

North Wood, AT 0483

1-888-666-9768

Mr. Andy Brown

May 1

38 Avenue Lane

East Wood, AT 9890

Account Number: 3839

Dear Mr. Brown

You can find the enclosed ticket for your June 15 flight to Spain. We recommend that you arrive at the airport two hours before your flight departs. Along with your plane ticket, I have enclosed a copy of your final itinerary and the luggage tags that you will need for your travel. All the fees have been charged to your credit card, as you requested before. Please note that a charge of $ 220.00 has been added for the meal plan you chose for your stay at the hotel. We would like to remind you that you are responsible for obtaining travel visas. Feel free to contact me so that I can review the information with you or answer any questions you may have.

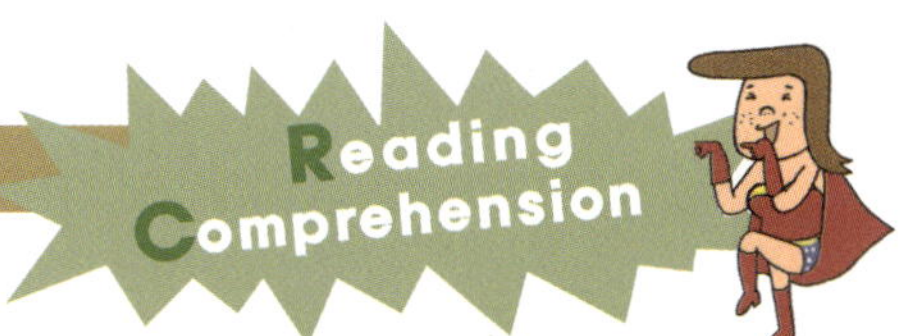

001. Who most likely wrote this letter?

첫 문제는 앞부분에서 정답이 나온다. 지문 상단에 ABC TRAVEL 여행사 이름이 적혀 있음으로 **여행사 직원이 고객에게 쓴 편지**임을 알 수 있다.

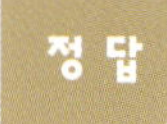

(B) A travel agent

002. According to the letter, what will happen on June 15?

질문을 분석 할 때 **이름과 숫자**가 나오면 무조건 **핵심단어**가 된다. 이 핵심단어를 중심으로 앞뒤에서 정답이 나온다. 첫 번째 문장을 목숨을 걸고 읽자. 왜? 정답이 나오니깐. 정답이 나오지 않더라도 글의 흐름을 유추 할 수 있다.

(D) Mr. Brown will leave for Spain.

003. What is NOT attached with the letter?
(A) Suitcase labels
(B) A tour schedule
(C) Travel visas
(D) An airplane ticket

NOT을 보는 순간 꼼꼼하게 하나씩 제거하면서 삭제시키자.
plane ticket → (D) **airplane ticket** 그대로 나왔고,
itinerary → (B) **tour schedule**로 바뀌어서 나왔고,
luggage tags → (A) **suitcase labels**로 바뀌어서 나왔다.
(C) travel visas가 언급되었긴 하지만 여행 비자 취득의 책임은 손님에게 있다고 나왔다.

(C) Travel visas

004. For what has Mr. Brown been charged extra money?

맨 마지막 문제의 정답은 마지막 단락에서 나온다. 토익은 '돈' 과 관련된 내용이 중요하다.
Please note that이 나오면 중요한 단서가 나온다는 신호다.
맨 마지막 부분에 언급 된 것은 **meal plan**밖에 없다. 이것이 마지막 문제만의 매력이다.

(A) A meal plan

저자 전문우
1판 1쇄 2015년 3월 5일   발행인 김인숙   발행처 디지스
교정.편집 김혜경
Designer Illustration 김소아
Printing 삼덕정판사

139-240
서울시 노원구 공릉동 653-5   대표전화 02-963-2456
팩시밀리 02-967-1555
출판등록 제 6-694호
ISBN 978-89-91064-64-5

Digis 에서는 참신한 외국어 원고를 모집합니다.   e-mail : webmaster@donginrang.co.kr